KB207793

# 교과서
## 실 생활
# 문해력

**6단계**

초등 5·6학년

학교에서 필요한 문해력과 실생활에서 필요한 문해력을
## 따로 공부할 필요가 있을까요?

## 문해력이 필요한 순간은 언제나 있습니다

# 이 책은
## 문해력 학습의 효율을 확 높였습니다

두 가지를
담았어요

교과서
문해력

실생활
문해력

교실 문해력으로
# 4주 완성 챌린지를
함께 해요!

# 교실 문해력

## 🍃 왜 필요할까요?

문해력은 학교에서 학습할 때는 물론 일상생활 전반에서 필요한 능력입니다.
교과 관련 내용을 담은 글을 읽고 쓰는 것은 물론, 실생활에서 접하는 다양한 매체를 보고
문제를 해결하는 능력을 갖출 필요가 있습니다.

## 🍃 어떻게 사용할까요?

날마다 6쪽씩 재미있게 학습합니다.
어휘를 풍성하게 하는 낱말 학습, 유익한 교과 관련 내용을 담은 교과서 문해력 지문 독해,
주변에서 볼 수 있는 다양한 실생활 문해력 지문을 독해 후 확인 문제를 풀어 봅니다.

## 🍃 그래서 어떤 효과가 있을까요?

글을 읽고 의미를 바르게 이해함으로써 교과 과정 내용을 수월하게 따라갈 수 있습니다.
또한 말과 글에 담긴 뜻을 제대로 파악하여 사람들과 원활하게 소통할 수 있습니다.

# 이렇게 공부해요

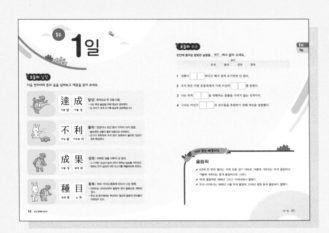

## 1 준비 학습

낱말을 그림과 함께 쉽게 익혀요. 퀴즈를 통해 학습한 낱말을 점검하고, 지문에 대한 배경지식을 쌓아요.

### 🎒 학습 point

국어 기초 어휘 목록을 토대로 선정한 낱말을 학습하며 나의 어휘력을 넓혀요. 어휘력은 문해력의 기본!

## 2 교과서 문해력

국어, 사회, 과학, 도덕, 미술 등 주요 교과와 관련된 지문을 읽고 교과 핵심 내용을 익혀요.

### 🎒 학습 point

최신 국어과 교육과정의 읽기 내용 요소를 담아, 읽기만 해도 문해력을 쑥 끌어올릴 수 있어요!

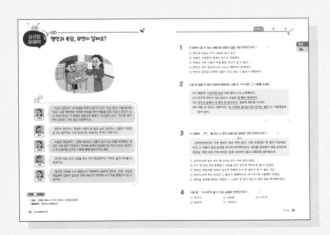

## 3 실생활 문해력

백과사전, 동영상, 안내문, 신문 기사 등 실생활에서 접하는 친숙한 문서들을 즐겁게 읽어요.

### 🎒 학습 point

최근 계약서, 약관, 뉴스 등 실생활에서 접하는 매체를 올바르게 읽고 쓰는 능력이 중요해지고 있어요!

# 차례

## 1주

**1일**
교과서 문해력 끝날 때까지 끝난 게 아니다 … 12쪽
실생활 문해력 명언과 속담, 무엇이 달라요? … 14쪽

**2일**
교과서 문해력 좋은 베개, 나쁜 베개? … 18쪽
실생활 문해력 꿈속의 세상을 그리다 … 20쪽

**3일**
교과서 문해력 그래서 검사 결과는요 … 24쪽
실생활 문해력 신체검사 결과가 나왔어요 … 26쪽

**4일**
교과서 문해력 걸리버 여행기 | 조너선 스위프트 … 30쪽
실생활 문해력 연극과 뮤지컬, 무엇이 다를까? … 32쪽

**5일**
교과서 문해력 모두를 위한 디자인 … 36쪽
실생활 문해력 공모전에 참여해요 … 38쪽

## 2주

**1일**
교과서 문해력 휴대폰 없이는 못 살아 … 44쪽
실생활 문해력 나도 혹시 디지털 치매? … 46쪽

**2일**
교과서 문해력 냄새가 나는 까닭 … 50쪽
실생활 문해력 얼룩을 지우는 다양한 방법 … 52쪽

**3일**
교과서 문해력 하루살이의 마지막 날갯짓 … 56쪽
실생활 문해력 맴맴, 매미의 한살이 … 58쪽

**4일**
교과서 문해력 추천 알고리즘의 세계 … 62쪽
실생활 문해력 나도 해시태그 달 수 있어! … 64쪽

**5일**
교과서 문해력 법과 정의의 여신, 아스트라이아 … 68쪽
실생활 문해력 돌기둥에 새겨진 법전, 함무라비 법전 … 70쪽

**4주 완성** 챌린지 시작!

## 3주

**1일**
- 교과서 문해력  백성들의 삶을 그린 화가 — 76쪽
- 실생활 문해력  한국의 화가, 이중섭 — 78쪽

**2일**
- 교과서 문해력  어느 날 지름신이 내려왔다 — 82쪽
- 실생활 문해력  나의 소비 성향은? — 84쪽

**3일**
- 교과서 문해력  가족을 잃었어요 — 88쪽
- 실생활 문해력  사지 마세요, 입양하세요! — 90쪽

**4일**
- 교과서 문해력  노란 양탄자의 모든 것 — 94쪽
- 실생활 문해력  은행나무 열매 처리 작전 — 96쪽

**5일**
- 교과서 문해력  작은 실천이 생태계를 바꾼다 — 100쪽
- 실생활 문해력  제대로 버려요 — 102쪽

## 4주

**1일**
- 교과서 문해력  뷔페에서 생긴 일 — 108쪽
- 실생활 문해력  뷔페, 이것만은 지켜요 — 110쪽

**2일**
- 교과서 문해력  버릴 것이 하나도 <u>없는</u> 채소 — 114쪽
- 실생활 문해력  주말에는 농사를 지어요 — 116쪽

**3일**
- 교과서 문해력  구하지 않으면 벌을 받는다고요? — 120쪽
- 실생활 문해력  누군가 하겠지? — 122쪽

**4일**
- 교과서 문해력  우아한 예술, 판소리 — 126쪽
- 실생활 문해력  전통을 지키는 사람들 — 128쪽

**5일**
- 교과서 문해력  안 먹어도 문제, 많이 먹어도 문제 — 132쪽
- 실생활 문해력  학교에서 알립니다 — 134쪽

# 1주

교과서 문해력과 실생활 문해력을
한번에 키워 보세요.

| 일자 | 오늘의 낱말 | 오늘의 읽을거리 | 스스로 평가 |
|---|---|---|---|
| **1**일 | • 달성<br>• 불리<br>• 성과<br>• 종목 | 교과서 끝날 때까지 끝난 게 아니다<br>실생활 명언과 속담, 무엇이 달라요? | 😄 🙂 🙁 |
| **2**일 | • 개발<br>• 구입<br>• 천연<br>• 체형 | 교과서 좋은 베개, 나쁜 베개?<br>실생활 꿈속의 세상을 그리다 | 😄 🙂 🙁 |
| **3**일 | • 감염<br>• 박탈<br>• 판정<br>• 향상 | 교과서 그래서 검사 결과는요<br>실생활 신체검사 결과가 나왔어요 | 😄 🙂 🙁 |
| **4**일 | • 제안<br>• 칭호<br>• 함성<br>• 협정 | 교과서 걸리버 여행기 \| 조너선 스위프트<br>실생활 연극과 뮤지컬, 무엇이 다를까? | 😄 🙂 🙁 |
| **5**일 | • 감소<br>• 반영<br>• 소외<br>• 중증 | 교과서 모두를 위한 디자인<br>실생활 공모전에 참여해요 | 😄 🙂 🙁 |

# 1일

## 오늘의 낱말

다음 한자어의 뜻과 음을 살펴보고 예문을 읽어 보세요.

| 達 | 成 |
|---|---|
| 이를 달 | 이룰 성 |

**달성:** 목적으로 한 것을 이룸.
- 나는 목표 **달성**을 위해 열심히 공부했다.
- 김 선수가 세계 신기록 **달성**에 성공했습니다.

| 不 | 利 |
|---|---|
| 아닐 불 | 이로울 리 |

**불리:** 입장이나 조건 등이 이익이 되지 않음.
- **불리**했던 상황이 좋은 방향으로 바뀌었다.
- 근거가 부족하여 우리 팀이 토론에서 **불리**한 입장인 것은 확실하다.

| 成 | 果 |
|---|---|
| 이룰 성 | 열매 과 |

**성과:** 어떠한 일을 이루어 낸 결과.
- 그 가게는 손님이 늘어나면서 원하는 **성과**를 거두었다.
- 정부는 연구 **성과**에 대한 보고서를 제출하도록 하였다.

| 種 | 目 |
|---|---|
| 갈래 종 | 눈 목 |

**종목:** 여러 가지의 종류에 따라서 나눈 항목.
- 태권도는 2000년부터 올림픽 정식 **종목**으로 채택되었다.
- 학교 앞 문구점에는 학년마다 필요한 **종목**의 준비물이 마련되어 있다.

## 오늘의 퀴즈

빈칸에 들어갈 알맞은 낱말을 보기 에서 골라 쓰세요.

> 보기
>
> 달성        불리        성과        종목

**1** 상황이 ☐☐ 하다고 해서 쉽게 포기하면 안 된다.

**2** 우리 반은 이번 운동회에서 기대 이상의 ☐☐ 를 올렸다.

**3** 나는 목적 ☐☐ 을 위해서는 물불을 가리지 않는 성격이다.

**4** 그녀는 비인기 ☐☐ 의 선수들을 후원하기 위해 재단을 설립했다.

 미리 쌓는 배경지식

## 올림픽

- 4년에 한 번씩 열리는 국제 운동 경기 대회로, 여름에 개최되는 하계 올림픽과 겨울에 개최되는 동계 올림픽으로 나뉜다.
- 제1회 올림픽은 1896년 그리스 아테네에서 열렸다.
- 우리나라에서는 1988년 서울 하계 올림픽, 2018년 평창 동계 올림픽이 열렸다.

국어
# 끝날 때까지 끝난 게 아니다

**1문단** '명언'이란 이치에 맞고 훌륭하여 널리 알려진 말을 뜻한다. 일상에서는 여러 위인이나 유명인이 한 명언을 쉽게 접할 수 있다. 그리고 올림픽과 같은 여러 국제 대회에 참가하는 운동선수들의 명언 또한 널리 알려져 우리에게 많은 가르침을 준다. 운동선수가 남긴 명언으로는 다음과 같은 것들이 있다.

**2문단** °메이저 리그의 야구 선수 요기 베라는 가난한 어린 시절을 보낸 이탈리아계 이민자였다. 그는 다른 야구 선수들에 비하면 키가 172.7cm로 작고 체격이 °왜소하지만, 불리한 조건을 이겨 내고 야구 선수가 되었다. 그는 매 경기에 포기하지 않는 자세를 가지고 최선을 다하여 한 시즌 동안 가장 우수한 선수를 선정한 MVP에 세 번씩이나 올랐다. 이후 어떤 야구단의 감독이 된 그는 선수들에게 "끝날 때까지 끝난 게 아니다."라는 말을 전했고, 결국 °저조한 성적을 유지하던 야구단이 월드 시리즈에까지 진출하게 만드는 성과를 이루었다.

**3문단** 피겨 스케이팅 종목의 금메달리스트인 김연아 선수는 이런 말을 했다.

"㉠99도까지 열심히 온도를 올려 놓아도 마지막 1도를 넘기지 못하면 영원히 물은 끓지 않는다고 한다. 물이 끓는 건 마지막 1도, 포기하고 싶은 바로 그 1분을 참아 내는 것이다. 이 순간을 넘어야 그다음 문이 열린다. 그래야 내가 원하는 세상으로 갈 수 있다."

김연아 선수는 포기하고 싶은 순간에 포기하지 않고 끝까지 노력하는 것의 중요성을 이야기했고, 각종 피겨 스케이팅 세계 대회에서의 우승이라는 목표를 달성했다.

**4문단** 운동선수들은 훈련과 연습을 계속하며 자신의 목표를 달성하기 위해 끊임없이 노력한다. 그들이 남긴 명언에는 °피땀 어린 노력이 깃들어 있다. 운동선수들의 스포츠 명언들은, 힘든 일이 있거나 넘어야 할 산을 °맞닥뜨렸을 때 쉽게 포기하지 않고 어떤 일이든 끝까지 해낼 수 있는 힘이 되어 줄 것이다.

### 이런 뜻이에요

- **메이저 리그** 미국 프로 야구 연맹의 최상위 두 리그를 이르는 말.
- **왜소하지만** 몸집이 작지만.
- **저조한** 능률이나 성적이 낮은.
- **피땀** (비유적으로) 무엇을 이루기 위해 매우 애쓰는 정성과 노력.
- **맞닥뜨렸을** 좋지 않은 일에 직면했을.

**1** 이 글의 내용을 다음과 같이 요약했어요. 빈칸에 들어갈 알맞은 말을 이 글에서 찾아 쓰세요.

> 운동선수들의 명언은 우리에게 가르침을 준다. 그 예로 야구 선수 요기 베라와 피겨 스케이팅 김연아 선수가 남긴 말이 있다. 스포츠 명언에는 선수들이 목표를 달성하기 위해 쉽게 _____하지 않고 노력하는 태도가 깃들어 있다.

**2** '요기 베라'에 대한 설명으로 알맞지 <u>않은</u> 것은 무엇인가요? (          )

① MVP에 세 번 올랐다.
② 가난한 이민자 출신이다.
③ 야구 감독으로 일하기도 했다.
④ 다른 선수들에 비해 키가 큰 편이었다.
⑤ '끝날 때까지 끝난 게 아니다.'라는 명언을 남겼다.

**3** 다음 중 ㉠에 담긴 태도를 지니지 <u>않은</u> 사람은 누구인가요? (          )

① 5km 마라톤을 끝까지 완주한 시우
② 가족과 함께 산 정상까지 등산한 수아
③ 반칙을 사용하여 경기에서 승리한 주인
④ 좋은 공연을 위해 매일같이 연습한 연희
⑤ 경기 출전을 위해 목표 체중까지 감량한 정민

**4** 이 글과 보기 를 읽고 난 후의 반응으로 알맞은 것은 무엇인가요? (          )

> **보기**
>
> 각종 골프 대회에서 우승한 박세리 선수는 "반복은 천재를 낳고 믿음은 기적을 낳는다."라는 명언을 남겼다.

① 자신을 믿는 것보다 연습을 거듭하는 게 더 중요하겠군.
② 연습을 반복해도 천재가 될 수 없다면 포기하는 게 낫겠군.
③ 운동선수에게 연습보다 더 중요한 것은 재능이라고 할 수 있군.
④ 운동선수들은 본래 천재였기 때문에 각종 대회에서 우승할 수 있었군.
⑤ 목표를 이루기 위해서는 노력뿐만 아니라 자신을 믿는 태도도 중요하군.

대화

# 명언과 속담, 무엇이 달라요?

 **선생님**: 이순신 장군의 "내 죽음을 적에게 알리지 마라."라는 명언, 다들 들어봤지요? 노량 해전에서 적에게 화살을 맞아 죽음을 앞둔 이순신 장군이 남긴 유언이지요. 이 외에도 프랑스의 철학가 파스칼이 남긴 "인간은 생각하는 갈대다."라는 말도 유명하지요.

 **윤희**: 명언이 위인이나 유명한 사람이 한 말로 널리 알려져서 교훈과 가르침을 주는 말이라는 것은 알겠는데, 속담과는 무엇이 다른가요?

 **선생님**: 속담은 옛날부터 ㉠전해 내려오는 교훈이 담겨 있는 말을 의미해요. 명언은 그와 달리 ˚연설이나 인터뷰 등에서 탄생하기도 하고 이순신 장군이나 파스칼처럼 남겨진 기록을 통해 알려지기도 해요.

 **윤희**: 명언과 속담 모두 교훈을 주는 것은 똑같잖아요. 아직도 둘의 차이를 모르겠어요.

 **선생님**: 명언은 대부분 누가 말했는지 ˚명확하게 알려져 있어요. 반면, 속담은 옛날부터 입에서 입으로 전해 내려오기 때문에 누가 처음 말했는지 알 수 없지요.

## 이런 뜻이에요

- **연설** 사람들 앞에서 자기의 주장이나 생각을 발표함.
- **명확하게** 확실하고 분명하게.

**1** 이 글에서 알 수 있는 내용으로 알맞지 <u>않은</u> 것은 무엇인가요? (          )

① 명언과 속담은 모두 교훈을 담고 있다.

② 속담은 오랫동안 입에서 입으로 전해졌다.

③ 속담은 어떤 사람이 처음 말한 것인지 알 수 없다.

④ 명언은 주로 일상적으로 나누는 대화에서 탄생한다.

⑤ 명언은 대부분 유명한 인물이 남긴 말로 그 출처가 명확하다.


**2** 다음 중 밑줄 친 말이 속담에 해당하는 것을 두 가지 찾아 그 기호를 쓰세요.

> (가) 옛말에 '<u>지성이면 감천</u>'이라 했으니 더 노력해야지.
> (나) 친구와 약속이 있는 날이니 오늘은 <u>때 빼고 광내야지</u>.
> (다) <u>개구리 올챙이 적 생각 못 한다</u>더니, 겸손한 태도를 지녀라.
> (라) 다들 안 된다고 말하지만 '<u>내 사전에 불가능이란 단어는 없다</u>'는 나폴레옹의 말이 있어.

(          ,          )


**3** 이 대화와  보기 를 읽고 난 후의 반응으로 알맞은 것은 무엇인가요? (          )

> 보기
>
> 온라인상에서는 가짜 명언이 널리 퍼져 있다. 어떤 유명인이 한 말이 아님에도, 마치 그 사람이 남긴 말처럼 여기저기에 뿌려진다. 정보를 공유하기 쉬운 온라인의 특성상, 한번 퍼진 가짜 명언은 쉽게 사라지지 않고 오래도록 살아남는다.

① 온라인상에 널리 퍼진 말이라면 모두 가짜 명언이겠군.

② 누가 한 말인지와 관계없이 교훈을 담고 있다면 명언으로 볼 수 있겠군.

③ 명언은 속담처럼 입에서 입으로 전해져 누가 한 말인지 알 수 없는 거군.

④ 온라인상에 퍼진 명언은 그 출처가 명확하므로 여기저기에 사용해도 되겠군.

⑤ 명언을 살펴볼 때에는 정말로 그 인물이 한 말이 맞는지 출처 등을 확인해야겠군.


**4** 다음 중 ㉠과 바꾸어 쓸 수 있는 낱말은 무엇인가요? (          )

① 바꾸어        ② 이동해        ③ 이어져

④ 읽혀져        ⑤ 기록되어

# 2일

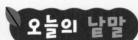
## 오늘의 낱말

다음 한자어의 뜻과 음을 살펴보고 예문을 읽어 보세요.

| 開 | 發 |
|---|---|
| 열 개 | 드러날 발 |

**개발:** 새로운 물건을 만들어 내거나 새로운 생각을 내놓음.
- 내가 **개발**한 프로그램이 실제로 사용되었다.
- 그 회사는 새롭게 **개발**한 제품을 내놓아 화제가 되었다.

| 購 | 入 |
|---|---|
| 살 구 | 들 입 |

**구입:** 물건 등을 삼.
- 엄마는 당장 로봇 청소기를 **구입**하자고 하셨다.
- 나는 그동안 모아 온 세뱃돈으로 새로운 스마트폰을 **구입**했다.

| 天 | 然 |
|---|---|
| 하늘 천 | 그러할 연 |

**천연:** 사람의 힘을 더하지 않은 자연 그대로의 상태.
- 우리 집은 설거지할 때 **천연** 세제를 사용한다.
- 화학 제품을 사용하지 않은 **천연** 염색이 인기를 얻고 있다.

| 體 | 型 |
|---|---|
| 몸 체 | 모형 형 |

**체형:** 몸 전체의 겉모습에서 나타나는 특징으로 나눈 갈래.
- **체형**에 맞는 옷을 입다.
- 그는 키가 크고 건장한 **체형**이다.

**다음 낱말과 뜻을 알맞게 줄로 이으세요.**

| 개발 · | | · 물건 등을 삼. |

| 구입 · | | · 사람의 힘을 더하지 않은 자연 그대로의 상태. |

| 천연 · | | · 몸 전체의 겉모습에서 나타나는 특징으로 나눈 갈래. |

| 체형 · | | · 새로운 물건을 만들어 내거나 새로운 생각을 내놓음. |

 **미리 쌓는 배경지식**

## 잠

- 눈을 감은 뒤 몸과 정신의 활동을 모두 멈추고 쉬는 상태이다.
- 잠을 자는 동안 뇌는 낮 동안 수집한 기억을 정리하고, 에너지를 충전하며 휴식을 취한다.
- 어린이의 경우, 잠을 자는 동안 성장 호르몬이 분비되기 때문에 잠을 충분히 자야 한다.

## 좋은 베개, 나쁜 베개?

**1문단** 매일 아침, 잠에서 깬 아빠는 목을 주무르며 "아이고, 아이고." 하며 앓는 소리를 내신다. 그러더니 오늘은 "아무래도 베개를 바꿔야겠어."라고 말씀하시며 스마트폰을 들여다보셨다. 베개와 목이 어떤 관련이 있는 걸까? 아빠에게 여쭈어 보니 "베개가 높으면 목이 아파서 그렇지. 너무 높은 베개를 베면 일찍 죽는다는 옛말도 있어. 게다가 목이 ㉠•구부정해지면서 목 디스크가 올 수도 있단다." 하셨다.

**2문단** 나는 높은 베개를 베면 일찍 죽는다는 사실에 충격을 받았다. 아빠가 일찍 돌아가시면 안 되는데……. 내가 울상을 지으며 얼른 베개를 바꾸시라고 이야기했더니, 아빠는 검색하던 스마트폰 화면을 보여 주셨다. 화면에는 ⟨ ㉡ ⟩ 에 대한 내용이 나와 있었다. 베개의 알맞은 높이는 6cm에서 8cm 정도로, 체형에 따라 1cm에서 2cm까지 차이를 두는 게 좋다는 내용이었다. 마른 체형의 경우에는 좀 더 낮게, 통통한 체형의 경우에는 좀 더 높게 베는 것이 좋다고도 쓰여 있었다. 베개는 너무 푹신하거나 딱딱하지 않아야 하며, 바람이 잘 통하고 땀을 잘 흡수하는 •소재로 만들어진 게 좋다고도 했다.

**3문단** 아빠께서는 이번 기회에 천연 재료로 만든 베개를 구입해 봐야겠다고 말씀하셨다. 스마트폰의 화면을 휙휙 움직이시며 보여 주신 것은 '국화 베개'였다. 상품 설명에 국화 베개는 머리를 맑게 하고 •숙면에도 도움을 준다고 쓰여 있었다. 그런데 나는 오히려 국화 베개의 아래에 나와 있는 '메모리 폼 베개'가 더 나아 보였다. 메모리 폼은 그대로 두었을 때 원래의 모양으로 되돌아오는 성질이 있는데, 머리와 목을 잘 감싸 주어 피로가 빨리 •풀린다고 적혀 있었다. 심지어 메모리 폼 베개는 미국 항공 우주국인 나사(NASA)에서 처음 개발했다고 하니 국화 베개보다 훨씬 좋아 보였다. 이번 기회에 나도 베개를 바꾸고 싶어 아빠께 베개를 사 달라고 말씀드렸더니 아빠는 국화 베개를 사주시겠다고 하였다. 국화 베개는 싫은데, 이걸 어떻게 거절하지?

### 이런 뜻이에요

- **구부정해지면서** 몸의 자세가 꼿꼿하지 않은 상태로 조금 구부러져 있으면서.
- **소재** 어떠한 것을 만드는 데 바탕이 되는 재료.
- **숙면** 깊은 잠이 듦. 또는 그런 잠.
- **풀린다고** 피로 혹은 독기 등이 없어져서 몸이 정상인 상태가 된다고.

**1** 이 글의 내용으로 알맞지 <u>않은</u> 것은 무엇인가요? (          )

① 베개의 높이는 6~8cm가 적당하다.

② 체형에 따라 알맞은 베개의 높이가 다르다.

③ 베개는 최대한 푹신한 것을 베는 것이 좋다.

④ 높은 베개를 벨 경우 건강에 해를 끼칠 수 있다.

⑤ 베개는 바람이 잘 통하고 땀을 잘 흡수하는 소재로 만들어진 것이 좋다.

**2** 다음 중 ㉠과 바꾸어 쓸 수 있는 낱말은 무엇인가요? (          )

① 곧아지면서

② 휘어지면서

③ 뻣뻣해지면서

④ 꼿꼿해지면서

⑤ 반듯해지면서

**3** 다음 중 ㉡에 들어갈 말로 알맞은 것은 무엇인가요? (          )

① 나쁜 베개의 특징

② 좋은 베개를 고르는 방법

③ 천연 재료로 만든 베개의 단점

④ 높은 베개를 베면 일어나는 일

⑤ 목 디스크 환자에게 알맞은 베개

**4** **3문단**의 내용을 다음과 같이 요약했어요. ㉮, ㉯에 들어갈 알맞은 말을 쓰세요.

국화 베개                                                  메모리 폼 베개

• 머리를 맑게 해 준다.                잠을 잘 때        • 그대로 두면 원래의 모
• _____㉮_____에 도움을       사용한다.           양으로 되돌아온다.
  준다.                                                      • _____㉯_____가 빨리 풀
                                                              린다.

• ㉮ _____    ㉯ _____

백과사전

# 꿈속의 세상을 그리다

백과사전

← → ⟳

아이스크림 백과사전

🔍 몽유도원도

조선 시대 화가 안견이 세종 대왕의 아들인 안평 대군의 꿈을 그린 산수화 이다.
어느 날, 꿈에서 깬 안평 대군은 꿈에서 본 장면을 남기고 싶어 안견을 궁궐로
불러들였다. 그리고 꿈에서 본 장면을 자세히 설명해 주고 그림을 그리도록 하였
다. 안견은 안평 대군의 이야기를 듣고 비단에 그림을 그려 3일 만에 완성하였다.
《몽유도원도》는 '꿈속의 도원'이란 뜻으로, '도원'은 복숭아꽃이 핀 °이상향의
공간이다. 작품의 왼쪽은 현실 세계, 가운데는 도원으로 들어가는 길, 오른쪽은
꿈속의 도원이 그려져 있다. 왼쪽에는 현실에 있을 법한 산이 그려져 있는 반면,
오른쪽에 그려진 바위산은 °고도가 훨씬 높으며 위에서 내려다 본 것처럼 그려져
있어 현실과 이상향이 대비를 이루고 있다. 그림이 완성되자 안평 대군은 신하들
과 함께 글과 시를 지어 덧붙였다.
《몽유도원도》는 현재 일본에 보관되어 있다. 우리나라의 그림이 어떠한 °경로로
일본으로 건너갔는지는 정확히 알려지지 않은 상태이다.

### 이런 뜻이에요

- **이상향** 사람이 생각할 수 있는 가장 완전하고 좋은 세계.
- **고도** 평균 해수면 등을 0으로 해서 측정한 어떤 물체의 높이.
- **경로** 일이 이루어지는 과정이나 방법.

**1** 이 글에서 확인할 수 있는 내용에 ○표 하세요.

(1) 《몽유도원도》를 그린 사람                                             (       )

(2) 《몽유도원도》 제목의 의미                                        (       )

(3) 《몽유도원도》가 그려진 연도                                      (       )

**2** 이 글의 내용으로 알맞은 것은 무엇인가요? (       )

① 그림의 왼쪽에는 복숭아꽃이 활짝 핀 산이 그려져 있다.

② 그림은 현실 세계와 이상향의 공간이 대비를 이루고 있다.

③ 그림의 가장자리에는 바위산으로 향하는 길이 그려져 있다.

④ 그림의 왼쪽에는 위에서 내려다 본 산의 모습이 그려져 있다.

⑤ 그림의 오른쪽에는 실제 산을 본떠 그린 바위산이 그려져 있다.

**3** 이 글을 읽고 난 후의 반응으로 알맞지 <u>않은</u> 것은 무엇인가요? (       )

① 안견은 일주일 만에 그림을 그려낼 정도로 뛰어난 화가였군.

② 비단 위에 그림을 어떻게 그리는지 그 과정과 재료가 궁금하군.

③ 그림 옆에 덧붙여진 글과 시는 어떤 내용을 담고 있는지 궁금하군.

④ 《몽유도원도》가 어째서 일본에 보관되어 있는지 밝혀지면 좋겠군.

⑤ 《몽유도원도》를 통해 우리 조상들의 뛰어난 예술성을 짐작할 수 있군.

**4** 이 글의 내용으로 볼 때, 《몽유도원도》와 같은 그림을 일컫는 산수화 의 의미는 무엇인가요?

                                                                      (       )

① 당시의 유행과 습관을 그린 그림

② 사람의 얼굴이나 몸을 그린 그림

③ 동양화에서, 자연의 경치를 그린 그림

④ 화가가 아닌 사람이 그린 소박하고 재미있는 그림

⑤ 사물을 사실적으로 그리지 않고 점, 선, 면 등으로 표현하는 그림

# 1주
# 3일

## 오늘의 낱말

다음 한자어의 뜻과 음을 살펴보고 예문을 읽어 보세요.

| 感 | 染 |
|---|---|
| 느낄 감 | 물들일 염 |

**감염**: 병균이 동식물의 몸 안으로 들어가 퍼짐.
- 나는 코로나19 바이러스에 **감염**되었다.
- 아빠는 질병의 **감염**을 확인하기 위해 검사를 받았다.

| 剝 | 奪 |
|---|---|
| 벗길 박 | 빼앗을 탈 |

**박탈**: 남의 권리나 재물, 자격 등을 강제로 빼앗음.
- 오래전 일본은 우리나라의 주권을 **박탈**했다.
- 그는 반칙을 했기 때문에 출전 자격을 **박탈**당했다.

| 判 | 定 |
|---|---|
| 판가름할 판 | 정할 정 |

**판정**: 좋고 나쁨이나 옳고 그름을 구별해 결정함.
- 나는 영어 시험에서 불합격 **판정**을 받았다.
- 심판의 **판정**에 따라 경기 결과가 뒤집힐 수도 있다.

| 向 | 上 |
|---|---|
| 향할 향 | 위 상 |

**향상**: 수준, 실력, 기술 등이 더 나아짐. 또는 나아지게 만듦.
- 테니스를 열심히 쳤더니 체력이 **향상**되었다.
- 직원들은 제품의 품질 **향상**을 위해 노력한다.

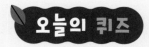

괄호 안에 들어갈 알맞은 낱말을 골라 보세요.

A 축구단에 문제가 연달아 발생하고 있다. 구단 내 가장 실력이 좋은 공격수가 전염성 바이러스에 ( **감염** / **감시** )되어 경기에 출전할 수 없게 된 것에 이어, 대표 수비수 역시 연이은 반칙으로 경고를 받으면서 다음 경기 출전 기회를 ( **박탈** / **보장** )당하고 말았다. 이뿐만 아니라 최근 치러진 경기에서 심판의 불공정한 ( **판정** / **판매** ) 또한 문제로 떠올랐다. 과연 앞으로 A 축구단이 어려운 상황을 해결하고 리그 순위 ( **발전** / **향상** )을 이룰 수 있을지 주목을 받고 있다.

## 학생 건강 조사

- 우리나라는 학생들의 건강 상황을 파악하고자 매년 학생들을 대상으로 건강 검사를 실시하고 있다.
- 전반적인 건강 및 신체 발달 조사는 초·중·고등학교 전 학년을 대상으로 이루어지며, 건강 검진은 초등학교 1학년과 4학년, 중학교 1학년, 고등학교 1학년을 대상으로 이루어진다.

과학

# 그래서 검사 결과는요

**1문단** 코로나19와 같은 호흡기 질병 검사를 받으면 '양성(Positive)' 혹은 '음성(Negative)'이라는 검사 결과가 나온다. '양성' 또는 '음성'이라는 검사 결과를 두고 ☐ ㉠ ☐ 가 궁금했을 것이다. '양성'은 내 몸에서 바이러스가 *검출되었다는 뜻이고 '음성'은 검출되지 않았다는 뜻이다. 즉, '양성'인 경우 바이러스에 감염된 것이고 '음성'인 경우 감염되지 않은 것이다. 이와 같은 용어는 병원에서 환자가 특정한 질병이 있는지 확인하기 위해 소변이나 혈액을 검사하는 경우에도 쓰인다. 마찬가지로 몸에 질병이 있는 경우는 양성, 질병이 없는 경우는 음성이라고 표현한다.

**2문단** 운동선수가 성적을 향상시키기 위해 금지된 약물을 사용했는지 여부를 검사하는 도핑 테스트에서도 '양성'과 '음성'이라는 용어를 사용한다. 1972년 뮌헨 올림픽에서부터 시행된 도핑 테스트는 운동선수의 소변이나 혈액을 조사하여 이루어지는데, 만약 선수의 소변이나 혈액에서 금지 약물이 검출되면 '양성', 검출되지 않으면 '음성'으로 판정한다. 그리고 금지 약물을 복용한 선수가 메달을 땄다면 도핑 테스트 결과에 따라 메달이 박탈될 수 있다.

**3문단** 마약은 중독 증상과 함께 심각한 부작용이 따르기 때문에 법적으로 금지하는 약물이다. 마약을 *투약했는지 여부를 확인할 때에는 *모발과 소변, 손톱을 검사한다. 그리고 이때에도 '양성'과 '음성'이라는 용어를 사용한다. 만일 마약을 투약했다면 '양성', 투약하지 않았다면 '음성' 반응이 나타난다.

**4문단** 반면, 우리 몸의 *종양을 구별할 때에는 '양성'과 '음성'이 아닌 '악성'과 '양성'이라는 표현을 사용한다. '악성'에 해당하는 종양은 *암을 의미하고, '양성'에 해당하는 종양은 단순 혹을 의미한다. 대부분의 양성 종양은 크기가 커지거나 모양이 변하지 않는다면 굳이 떼어 내지 않아도 된다는 점이 악성 종양과 다른 점이다. 그러므로 이때 사람들은 검사 결과가 '양성'이기를 기대한다.

## 이런 뜻이에요

- **검출** 해로운 요소나 성분 등을 검사해 찾아내는 일.
- **투약했는지** 약을 지어서 주거나 썼는지.
- **모발** 사람의 몸에 난 털을 통틀어 이르는 말.
- **종양** 몸속에서 세포가 병적으로 분열해 자꾸 불어나거나 수가 늘어나는, 쓸모없거나 해로운 혹.
- **암** 생물의 조직 안에서 세포가 자라나 점점 주위 조직이나 장기로 번져서 악성 종양을 일으키는 병.

**1** 이 글을 읽고, ㉠에 들어갈 내용으로 알맞은 것에 ○표 하세요.

호흡기 질병 검사 절차          양성과 음성의 차이          양성과 악성의 차이

 **2** 다음 중 '양성'과 '음성'이라는 표현이 쓰이지 <u>않는</u> 경우는 무엇인가요? (          )

① A형 독감 감염을 예방하기 위해 예방 접종을 한 경우
② 마약을 투약했는지 확인하기 위해 모발 검사를 한 경우
③ 코로나19 바이러스 감염을 확인하기 위해 검사를 한 경우
④ 특정한 질병에 걸렸는지 확인하기 위해 혈액 검사를 한 경우
⑤ 금지 약물을 복용했는지 확인하기 위해 소변 검사를 한 경우

 **3** 이 글을 읽고, <u>틀린</u> 내용을 바르게 고쳐 쓰세요.

(1) 우리 몸의 종양을 검사할 때에는 양성과 음성이라는 표현을 사용한다.  ＼
(2) 몸에 양성 종양이 있다는 것은 암에 걸렸다는 것을 의미한다.  ＼
(3) 악성 종양은 모양에 변화가 없다면 떼어내지 않아도 된다.  ＼

 **4** 이 글과 ⟨보기⟩를 읽고 난 후의 반응으로 알맞지 <u>않은</u> 것은 무엇인가요? (          )

⟨보기⟩

　스테로이드는 근육이 손상되었을 때 빨리 회복할 수 있도록 도와주고, 근육의 성장을 도와 경기력을 향상시킨다. 1988년 서울 올림픽에 출전한 벤 존슨은 검사를 통해 스테로이드를 투약한 사실이 밝혀져 금메달을 박탈당했다.

① 스테로이드는 도핑 테스트로는 검출할 수 없는 약물이군.
② 스테로이드는 올림픽에서 복용해서는 안 되는 금지 약물이군.
③ 도핑 테스트 결과가 '양성'이면 선수의 메달을 박탈할 수 있군.
④ 운동선수의 도핑 테스트는 공정한 경기 운영을 위해서 꼭 필요하군.
⑤ 스테로이드는 경기 결과에 영향을 미치므로 운동선수는 이를 투약해서는 안 되겠군.

# 신체검사 결과가 나왔어요

| 교 훈<br>"슬기롭고 바르게 자라자" | 가정 통신문 | 인주초등학교<br>전화: 065-455-○○○○ |
|---|---|---|

안녕하십니까? 교내에서 실시한 6학년 5반 10번 김소희 학생의 신체 발달과 시력 및 소변 검사 결과를 알려 드립니다.

## 1. 키, 몸무게 측정 결과

| 키 | 몸무게 | 표준 체중 |
|---|---|---|
| 150.1 cm | 40 kg | ㉠ _____ kg |

※ 표준 체중이란 나이, 성별, 키에 따른 표준의 체중을 말합니다.

※ 표준 체중 계산: (키−100)×0.9

## 2. 시력 검사 결과

| 좌 | 우 |
|---|---|
| 0.8 | 1.5 |

※ 한쪽 눈이라도 시력이 0.7 이하이면 안경을 쓰거나 교체해야 합니다.

## 3. 소변 검사 결과

| 음성 | 양성 | | |
|---|---|---|---|
| | 당 | 잠혈 | 단백뇨 |
| | ○ | | |

※ 소변에 당이 검출되면 당뇨병의 위험이 있습니다.

※ 잠혈이란 소변에 적혈구가 섞여 나오는 것을 말하며, 단백뇨란 소변에 과도한 단백질이 섞여 나오는 것을 말합니다.

※ 양성 반응이 나온 경우, 가까운 병원에서 재검사를 받고 검사 결과를 학교로 ㉡회신해 주시길 바랍니다.

인 주 초 등 학 교 장

**1** 이 가정 통신문을 보낸 목적으로 알맞은 것은 무엇인가요? (          )

① 교내 전염병 확산을 막기 위해
② 시력 관리 방법을 알려 주기 위해
③ 표준 체중 계산 방법을 설명하기 위해
④ 소변을 검사하는 방법을 설명하기 위해
⑤ 학생의 신체 발달 상황 및 검사 결과를 알리기 위해

**2** ㉠에 들어갈 표준 체중으로 알맞은 것은 무엇인가요? (          )

① 45.07
② 45.09
③ 46.01
④ 46.03
⑤ 49.2

**3** 소희의 신체검사 결과에 대한 내용으로 알맞지 <u>않은</u> 것은 무엇인가요? (          )

① 소희는 당뇨병의 위험이 있다.
② 소희는 안경을 쓰거나 교체해야 한다.
③ 소희의 몸무게는 표준 체중보다 적게 나간다.
④ 소희의 시력은 왼쪽 눈이 오른쪽 눈보다 나쁘다.
⑤ 소희는 병원에서 소변 검사를 다시 받아야 한다.

**4** 다음 중 ㉡과 바꾸어 쓸 수 있는 낱말은 무엇인가요? (          )

① 답장해
② 예약해
③ 정리해
④ 요약해
⑤ 연결해

# 4일

1주

## 오늘의 낱말

다음 한자어의 뜻과 음을 살펴보고 예문을 읽어 보세요.

| 提 | 案 |
|---|---|
| 들 제 | 생각 안 |

**제안:** 안건이나 의견으로 내놓음.
- 급식 당번을 정하자는 내 **제안**이 받아들여졌다.
- 대부분의 호텔은 더 좋은 서비스를 제공하기 위해 메일로 고객의 **제안**을 받고 있다.

| 稱 | 號 |
|---|---|
| 일컬을 칭 | 이름 호 |

**칭호:** 어떠한 뜻으로 말하거나 부르는 이름.
- 그 **칭호**는 함부로 사용해서는 안 된다.
- 그 배우는 이번 영화에도 천만 관객을 동원하여 '흥행 보증 수표'라는 **칭호**를 얻었다.

| 喊 | 聲 |
|---|---|
| 소리칠 함 | 소리 성 |

**함성:** 여러 사람이 함께 크게 외치거나 지르는 소리.
- 마라톤이 끝날 때쯤 응원의 **함성**이 점점 커졌다.
- 골이 터지자 경기장에는 엄청난 **함성**이 터져 나왔다.

| 協 | 定 |
|---|---|
| 합칠 협 | 정할 정 |

**협정:** 한 국가가 다른 국가와 약정을 맺음. 또는 그 약정.
- 두 나라는 휴전 **협정**을 맺은 상태이다.
- 두 나라가 **협정**을 체결하여 양국 사람들이 자유롭게 두 나라를 여행할 수 있게 되었다.

## 오늘의 퀴즈

빈칸에 들어갈 알맞은 낱말을 보기 에서 골라 쓰세요.

보기

제안　　칭호　　함성　　협정

**1** 양국은 긴 논의 끝에 무역 ☐☐ 을 맺었다.

**2** 야구장에서 나는 ☐☐ 소리가 우리 집까지 들렸다.

**3** 선생님은 책을 좋아하는 내게 독서 모임 가입을 ☐☐ 하셨다.

**4** 지호는 반에서 모범생이라는 ☐☐ 로 불리는 것이 마음에 들었다.

 미리 쌓는 배경지식

## 걸리버 여행기

- 《걸리버 여행기》는 영국의 작가 조너선 스위프트가 쓴 소설로, 걸리버가 여러 기이한 나라에 가는 이야기로 구성되어 있다.
- 이 소설은 당시 영국의 타락한 상황을 우스꽝스럽게 풍자하였다.
- '풍자'란 문학 작품 등에서 현실의 바람직하지 못한 점 등을 다른 것에 빗대어 비웃거나 폭로하듯 쓴 것을 말한다.

🐝 극본

# 걸리버 여행기 | 조너선 스위프트

**1문단** 걸리버는 항해를 좋아했다. 그는 여느 때와 다름없이 친구들과 함께 배를 타고 항해하던 중, 큰 폭풍을 만나 <sup>•</sup>조난을 당하고 말았다. 천둥 번개가 내리치는 바다에서 배는 산산조각 났고, 유일하게 살아남은 것은 걸리버뿐이었다.

**2문단** 걸리버: (눈을 게슴츠레 뜨며) 여, 여기가 어디지? 왜 몸이 안 움직이지? (몸을 움직여 본다.) 누가 내 몸을 이렇게 다 묶어 놓은 거야? 도와주세요! 누구 없어요? (간지러운 느낌이 드는 곳을 바라본다.)

소인 1: (삽으로 걸리버의 코를 찌르며) 조용히 하라고!

걸리버: 에에에, 에취! (재채기를 하자 소인국 사람들이 모두 도망친다.)

걸리버: (시간이 흐른 뒤) 배가 고파요. 먹을 것 좀 주세요.

소인 2: (사다리를 이용해 걸리버의 입에 음식물을 넣어 주며) 국왕 폐하가 당신을 보러 오실 테니 조금 더 기다리시오.

**3문단** 국왕: 릴리펏에 온 것을 환영합니다. 다만 당신이 거인이다 보니 우리보다 훨씬 많이 먹어서 식량 <sup>•</sup>조달 에 큰 문제가 있어요. 그렇다고 당신을 죽이자니 그 또한 좋은 방법이 아닌 것 같군요.

걸리버: (국왕을 바라보며) 어떻게 해야 나를 풀어 줄 건가요?

국왕: 우리나라는 지금 전쟁 중입니다. 적들이 릴리펏 사람들을 납치하면서 전쟁이 시작되었지요. 전쟁을 끝낼 수 있게 도움을 준다면 당신을 풀어 주겠습니다. 곧 적들이 해안가로 쳐들어올 거예요.

걸리버: (골똘히 고민하다가) 폐하의 제안을 받아들이도록 하지요.

**4문단** 소인국 사람들: (함성을 외치며) 걸리버! 걸리버! 걸리버 덕분에 우리가 이겼다! 만세!

국왕: (감동한 표정으로) 당신 덕분에 적들을 물리칠 수 있었습니다. 또한 평화 협정까지 맺을 수 있었어요. 당신에게 우리나라에서 가장 명예로운 칭호인 '나닥'을 내리도록 하지요.

걸리버: 감사합니다. 이제 제가 고향으로 돌아갈 수 있도록 도와주세요.

## 이런 뜻이에요

- **조난** 항해 혹은 등산 중 재난을 만남.
- **조달** 필요한 물건이나 돈 등을 대어 줌.

**1** 걸리버가 겪은 일을 순서대로 골라 빈칸에 기호를 쓰세요.

> (가) 걸리버는 항해하던 중, 폭풍을 만나 조난을 당했다.
>
> (나) 릴리펏 사람들은 걸리버의 입에 음식물을 넣어 주었다.
>
> (다) 잠에서 깨어난 걸리버는 자신의 몸이 묶여 있는 것을 깨달았다.
>
> (라) 릴리펏 국왕은 전쟁을 끝내기 위해 걸리버에게 도움을 요청했다.
>
> (마) 전쟁을 끝낼 수 있도록 릴리펏을 도운 걸리버는 '나닥'이라는 칭호를 받았다.

( (가) ) → (        ) → (        ) → (        ) → (        )

**2** 이 글에 따라 연극을 할 때 고려할 점으로 알맞지 <u>않은</u> 것은 무엇인가요? (        )

① 무대 배경으로 해변가를 준비해야겠어.

② 걸리버가 등장하기 전, 해설을 읽어 줄 친구가 필요해.

③ 소인과 국왕은 체구가 작은 친구가 연기하는 게 좋겠어.

④ 릴리펏과 적국과의 전쟁 장면을 연기하려면 극본의 내용을 추가해야 해.

⑤ 걸리버를 연기할 때에는 소인들에게 겁을 먹은 것처럼 표현하면 좋겠어.

**3** 이 글에 이어질 뒷이야기로 알맞은 것은 무엇인가요? (        )

① 걸리버가 릴리펏을 어떻게 떠나는지에 관한 이야기

② 걸리버가 항해 중 어떻게 조난되었는지에 관한 이야기

③ 걸리버가 전쟁에서 어떻게 승리할 수 있었는지에 관한 이야기

④ 걸리버가 릴리펏에서 어떻게 끼니를 해결했는지에 관한 이야기

⑤ 릴리펏의 국왕이 어떻게 적국과 평화 협정을 맺었는지에 관한 이야기

**4** 조달 과 비슷한 뜻을 가진 낱말에 모두 ○표 하세요.

공급            수요            제공

블로그 게시 글

# 연극과 뮤지컬, 무엇이 다를까?

내 블로그 | 이웃 블로그 | 블로그 홈 ▼

## 즐거운 공연 이야기

**은솔**
　미래에 멋진 배우가 되고 싶어요. 공연 정보와 매주 연기 학원에서 배운 내용을 기록해요.

+ 이웃 추가

목록 ▼
- - - - - - - - - - -
📄 관람 후기
📄 공연 정보
📄 연기의 모든 것

　오늘은 연극과 뮤지컬의 차이점을 이야기해 볼게요.
　연극은 배우가 •각본에 따라서 어떤 사건과 인물을 말과 동작으로 관객에게 보여 주는 무대 예술이에요. 그리고 뮤지컬은 음악과 노래, 무용을 •결합하여 큰 무대에서 •상연하는 종합 무대 예술이지요. 연극이 고대부터 존재했던 반면, 뮤지컬은 비교적 현대에 나타났어요.
　연극과 뮤지컬의 가장 큰 차이점은 무엇일까요? 바로 음악이에요. 연극은 말하고자 하는 바를 배우의 대사와 행동을 통해 이야기한다면, 뮤지컬은 배우의 노래나 음악으로 이야기한답니다. 하지만 연극에서 음악이 아예 쓰이지 않는 것은 아니에요. 배경음악으로 사용되기도 하거든요.
　또한 연극에 비해 뮤지컬은 배우의 춤과 노래, 복장 등의 볼거리를 중시하는 경우가 많아요. 인물의 성격과 역할을 드러내기 위해 유독 진한 화장을 하고, 움직임이 많지요. 그래서 뮤지컬을 관람하다 보면 지루할 틈 없이 이야기가 진행되는 것을 느낄 수 있어요. 저는 그런 점에서 연극보다 뮤지컬을 더 좋아해요. 얼마 전 제가 작성한 뮤지컬 '레 미제라블' 관람 후기는 다들 보셨지요?
　다음 글은 뮤지컬과 오페라의 차이에 대해 쓸게요.

### 이런 뜻이에요

- **각본**　영화, 연극을 만들기 위해 배우의 대사, 장면, 동작에 대해 자세히 적은 글.
- **결합하여**　둘 이상의 사람이나 사물이 서로 관계를 맺어 하나로 합치어.
- **상연하는**　연극, 음악, 무용 등의 공연을 무대에서 관객에게 보이는.

**1** 이 게시 글의 글쓴이에 대한 설명으로 알맞지 <u>않은</u> 것은 무엇인가요? (        )

① 연극보다 뮤지컬을 더 좋아한다.
② 장래희망을 이루기 위해 학원을 다니고 있다.
③ 연극과 뮤지컬의 차이가 크지 않다고 생각한다.
④ 뮤지컬을 관람한 후 그에 관한 글을 쓰기도 한다.
⑤ 뮤지컬과 오페라의 차이에 대한 글을 작성할 예정이다.

**2** 이 게시 글의 내용으로 맞으면 ○표, 틀리면 ×표 하세요.

⑴ 연극은 고대부터 존재했으며, 뮤지컬은 비교적 현대에 나타났다.            (          )
⑵ 뮤지컬에서 화장은 극중 인물의 성격과 역할을 드러내는 수단이다.          (          )
⑶ 연극은 배경음악을 포함해 모든 음악적 요소를 활용하며, 뮤지컬은 대사와 행동만으로 이야기를 전개한다.                                                        (          )

**3** 다음에 나타난 의미 관계로 바르게 짝 지어지지 <u>않은</u> 것은 무엇인가요? (        )

> 유의 관계: 말소리는 다르지만 의미가 서로 비슷한 단어.

① 각본 – 극본                    ② 현대 – 현재
③ 쓰이지 – 사용되지              ④ 상연하는 – 개막하는
⑤ 말하고자 – 전하고자

**4** 이 게시 글과 보기 를 읽고 난 후의 반응으로 알맞지 <u>않은</u> 것은 무엇인가요? (        )

> 보기
>
> 빅토르 위고의 소설 《레 미제라블》은 1980년 뮤지컬로 만들어졌고, 이 뮤지컬은 세계 4대 뮤지컬 가운데 하나로 손꼽히고 있다. 또한 뮤지컬 '레 미제라블'을 토대로 만들어진 영화가 크게 흥행하며 대중에게 많은 사랑을 받았다.

① 세계 4대 뮤지컬에는 무엇이 있는지 알아봐야겠어.
② 소설, 뮤지컬, 영화의 차이점을 비교해 봐도 재미있겠어.
③ 소설이 아니라 뮤지컬을 토대로 영화를 만든 까닭이 궁금해.
④ 뮤지컬에서는 소설 속 인물들의 대사를 노래로 바꾸어 불렀겠구나.
⑤ 뮤지컬이 소설보다 예술성이 뛰어났기 때문에 대중에게 사랑받을 수 있었구나.

## 1주 5일

### 오늘의 낱말

다음 한자어의 뜻과 음을 살펴보고 예문을 읽어 보세요.

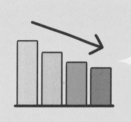

| 減 | 少 |
|---|---|
| 덜 감 | 적을 소 |

**감소**: 수나 양이 줄어듦. 또는 수나 양을 줄임.
- 출생률의 하락으로 인구수 또한 **감소**하고 있다.
- 홍수와 가뭄으로 올해 농작물 생산량이 **감소** 추세에 들어섰다.

| 反 | 映 |
|---|---|
| 돌이킬 반 | 비칠 영 |

**반영**: 다른 것에 영향을 받아 어떤 현상이 나타남. 또는 어떤 현상을 나타냄.
- 이 소설은 현대의 모습을 **반영**하고 있다.
- 입시에서 자기소개서의 **반영** 비율이 높아졌다.

| 疏 | 外 |
|---|---|
| 멀어질 소 | 밖 외 |

**소외**: 어떤 무리에서 따돌리거나 멀리함.
- 우리 주변의 **소외**된 이웃에게 관심을 가져 보자.
- 이유 없이 친구를 따돌리고 **소외**시키는 행동은 하지 말아야 한다.

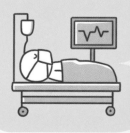

| 重 | 症 |
|---|---|
| 무거울 중 | 증세 증 |

**중증**: 아주 위중한 병의 증세.
- **중증** 환자를 돌보다.
- 삼촌은 매우 **중증**이라 면회조차 허락되지 않았다.

## 오늘의 퀴즈

오늘 배운 낱말을 떠올리며 밑줄 친 부분을 바르게 고쳐 쓰세요.

예시

미술 준비물을 <u>놓고</u> 와서 집으로 다시 돌아가요.

| 놓 | 고 |
|---|---|

**1** 그는 자신을 <u>소왜</u>하지 않은 친구에게 고마움을 느꼈다.

|  |  |
|---|---|

**2** 수필에는 글쓴이의 생활과 인생관이 <u>바녕</u>되어 나타난다.

|  |  |
|---|---|

**3** 우리나라는 저출생의 영향으로 학생 수가 <u>감수</u>하고 있다.

|  |  |
|---|---|

**4** 우리나라의 대표적인 <u>중쫑</u> 질환에는 뇌졸중과 암 등이 있다.

|  |  |
|---|---|

미리 쌓는 배경지식

## 디자인

- 의상, 건축, 공업 제품 등의 실용적인 목적을 지닌 작품의 설계 혹은 도안을 의미한다.
- 인테리어 디자인, 패션 디자인, 공간 디자인, 그래픽 디자인 등 다양한 분야가 있다.
- 디자인을 전문으로 하는 사람을 '디자이너'라고 부른다.

미술

# 모두를 위한 디자인

**1문단** 성별, 국적, 나이, 장애의 유무와 상관없이 모두가 사용할 수 있는 디자인이 있다. 바로 유니버설 디자인이다. 유니버설 디자인이라는 용어를 처음으로 사용한 사람은 미국의 건축가 로널드 메이스이다. 그는 다리가 불편한 장애인으로, 어릴 때부터 휠체어를 사용했기 때문에 계단을 이용할 때마다 누군가의 도움을 받아야 했다. 그는 이러한 경험을 통해 아름답고 •독창적인 디자인보다 ㉠더욱 중요한 것이 있다는 것을 깨닫고 유니버설 디자인을 건축에 도입하기 시작했다.

**2문단** 유니버설 디자인은 우리 주변에서 쉽게 찾아볼 수 있다. 건물로 들어서는 입구에 놓인 비스듬한 경사로가 대표적인 예이다. 경사로는 단순히 휠체어를 탄 사람뿐만 아니라 노인, 무릎이 좋지 않은 사람 등에게 필요한 시설이다. 방문에 붙어 있는 레버형 문고리도 유니버설 디자인이 반영된 사례이다. 과거에 많이 사용된 둥근 문고리는 힘을 주어 오른쪽으로 돌려야만 했지만, 위아래로 내려서 쓰는 레버형 문고리는 손이 불편하거나 •손아귀가 약한 사람들도 쉽게 사용할 수 있다. 저상 버스 역시 유니버설 디자인의 사례이다. 일반 버스보다 버스 바닥을 낮추고 계단을 없앤 저상 버스는 유모차를 끌거나 휠체어를 탄 사람, 다리가 불편한 노약자 등도 쉽게 오르내릴 수 있다. 또한, 나이와 성별에 관계없이 누구나 이용 가능하도록 만들어진 수유실이나 외국인도 쉽게 이해할 수 있도록 그림을 이용해 표현한 안내판 등도 유니버설 디자인의 사례라고 할 수 있다. 이는 모든 사람들이 편리하게 일상생활을 할 수 있도록 돕는다.

**3문단** 고령화 사회로 접어듦에 따라 경사로와 같은 외부 시설뿐만 아니라 내부 시설에도 유니버설 디자인을 반영해야 한다. 영국, 미국 등에서는 주택 내부에 의무적으로 유니버설 디자인을 반영해야 하지만, 우리나라에서는 아직 이러한 내용이 •법제화되지 않았다. 주택 내부에 유니버설 디자인을 반영하면 몸이 불편해도 생활에 문제가 없어 요양원 등 복지 시설에 대한 수요가 감소하고 •장기적으로 사회적 부담을 줄일 수 있다. 따라서

㉡

### 이런 뜻이에요

- **독창적** 다른 것을 따라 하지 않고 새롭고 독특한 것을 만들어 내는 것.
- **손아귀** 무언가를 손으로 쥐는 힘.
- **법제화되지** 법률로 정해지지.
- **장기적으로** 오랜 기간에 걸쳐.

**1** 이 글의 내용으로 알맞지 <u>않은</u> 것은 무엇인가요? (        )

① 유니버설 디자인은 사회적 약자만을 고려하는 디자인이다.

② 우리나라에서는 주택 내 유니버설 디자인이 의무화되지 않았다.

③ 저상 버스는 계단이 없어 유모차와 휠체어 이용자를 태우기 쉽다.

④ 미국은 주택 건축 시 유니버설 디자인을 반영할 것을 의무화하고 있다.

⑤ 로널드 메이스는 자신의 경험을 바탕으로 유니버설 디자인을 고안하였다.

**2** 이 글의 내용으로 볼 때 ㉠의 의미로 알맞은 것은 무엇인가요? (        )

① 최신 유행을 반영한 디자인

② 고객이 만족할 수 있는 디자인

③ 비용을 절감할 수 있는 디자인

④ 환경에 보탬이 되는 지속 가능한 디자인

⑤ 누구나 사용하는 데 불편함이 없는 디자인

**3** 유니버설 디자인이 반영된 사례가 <u>아닌</u> 것은 무엇인가요? (        )

① 다양한 언어로 정보를 제공하는 안내판

② 글씨 크기를 쉽게 확대할 수 있는 스마트폰

③ 자외선을 차단하여 눈부심을 줄여 주는 창문

④ 다양한 신체 조건에 맞게 높이를 조절할 수 있는 책상

⑤ 울퉁불퉁한 점자를 새겨 손끝으로 만져서 읽을 수 있는 점자책

**4** 다음 중 ㉡에 들어갈 말로 알맞은 것은 무엇인가요? (        )

① 유니버설 디자인을 건축에 반영하는 것을 막아야 한다.

② 유니버설 디자인의 불편함을 관련 기관에 신고해야 한다.

③ 유니버설 디자인이 법률로 제정되도록 힘을 모아야 한다.

④ 유니버설 디자인이 반영된 경사로를 널리 홍보해야 한다.

⑤ 유니버설 디자인을 독창적인 디자인만큼 유명해지게 만들어야 한다.

# 공모전에 참여해요

20○○년 제10회

## 대한민국 디자인 공모전

　　모든 사람들이 편리하게 이용할 수 있는 ㉠보편적 디자인을 찾습니다. 다양한 사용자를 고려해 모두를 위한 디자인 제품을 개발하는 데 도움을 주세요.

### 공모전 주제

일상에서 만나는 디자인으로, 유니버설 디자인 7원칙을 고려할 것.

❶ 최대한 모든 사용자가 동일한 방법으로 사용할 수 있어야 함.

❷ 사용자가 여러 방법 중 선택해서 어떤 상황에서든 사용할 수 있어야 함.

❸ 언어와 국적 등과 상관없이 쉽게 사용할 수 있어야 함.

❹ 그림과 소리, 촉감 등을 이용해 필수적인 정보를 간단하게 전달해야 함.

❺ 위험하거나 실수를 저지를 수 있는 오류가 최소화되도록 하며, 실수 또는 오류 사항이 발생할 수 있음을 경고하고 안전하게 사용할 수 있어야 함.

❻ 반복된 동작을 피할 수 있도록 하며, 적은 힘만으로도 사용할 수 있어야 함.

❼ 다양한 체형을 가진 사용자가 모두 사용할 수 있도록 하며, 이동과 접근, 보관이 쉬워야 함.

### 참가 대상

- 참가 자격: 제한 없음.
- 참가 인원: 개인 또는 3인 이내의 팀

### 접수 일정

- 작품 접수: 20○○년 9월 20일(수) 부터 10월 6일(금) 18시까지
- 최종 발표: 20○○년 11월 10일(금)

### 시상

대상 1점(500만 원),
금상 2점(각 200만 원),
은상 3점(각 100만 원)

※ 응모 작품의 수준에 따라 시상자가 없을 수 있음.

주최·주관: 인주문화재단

**1** 이 광고의 목적으로 알맞은 것을 찾아 ○표 하세요.

(1) 유니버설 디자인의 장점을 찾기 위해서                            (       )

(2) 유니버설 디자인의 7원칙을 알리기 위해서                       (       )

(3) 유니버설 디자인이 반영된 제품을 만들기 위해서                   (       )

**2** 이 광고를 바르게 이해한 친구는 누구인가요? (         )

① 주은: 참가 자격에 제한이 없으니 누구나 도전할 수 있겠네.

② 연아: 실제 생활에 도움이 되는 아이디어들이 많이 나올 것 같아.

③ 희정: 접수 기간이 꽤 짧네. 기한에 맞추어 마감일 자정 전까지 접수해야겠어.

④ 민혁: 혼자 참여하는 것보다는 친구랑 팀을 짜서 참여하면 더 재미있을 것 같아.

⑤ 인수: 응모 작품 수준에 따라 시상이 없을 수도 있다니 더 열심히 준비해야겠어.

**3** 다음에 제시된 낱말과 관련 있는 유니버설 디자인 원칙을 줄로 이으세요.

| | |
|---|---|
| 단순함 • | • 최대한 모든 사용자가 동일한 방법으로 사용할 수 있어야 함. |
| 오류 감안 • | • 위험하거나 실수를 저지를 수 있는 오류가 최소화되도록 해야 함. |
| 공평한 사용 • | • 그림과 소리, 촉감 등을 이용해 필수적인 정보를 간단하게 전달해야 함. |

**4** 다음 중 ㉠의 뜻으로 알맞은 것은 무엇인가요? (         )

① 특별하지 아니하고 예사로운 것.

② 모든 것에 두루 미치거나 통하는 것.

③ 수량이나 정도 따위가 중간이 되는 것.

④ 사람들이 보통 알고 있거나 알아야 하는 지식이 되는 것.

⑤ 어떤 분야에 상당한 지식과 경험을 가지고 그 일을 잘하는 것.

# 2주

교과서 문해력과 실생활 문해력을
한번에 키워 보세요.

| 일자 | 오늘의 낱말 | 오늘의 읽을거리 | 스스로 평가 |
|---|---|---|---|
| **1**일 | • 발생<br>• 절제<br>• 조절<br>• 효과 | 교과서 휴대폰 없이는 못 살아<br>실생활 나도 혹시 디지털 치매? | 😄 🙂 🙁 |
| **2**일 | • 분비<br>• 불쾌<br>• 섭취<br>• 요인 | 교과서 냄새가 나는 까닭<br>실생활 얼룩을 지우는 다양한 방법 | 😄 🙂 🙁 |
| **3**일 | • 의문<br>• 중단<br>• 특이<br>• 훼방 | 교과서 하루살이의 마지막 날갯짓<br>실생활 맴맴, 매미의 한살이 | 😄 🙂 🙁 |
| **4**일 | • 무관<br>• 분야<br>• 수집<br>• 절차 | 교과서 추천 알고리즘의 세계<br>실생활 나도 해시태그 달 수 있어! | 😄 🙂 🙁 |
| **5**일 | • 공정<br>• 독립<br>• 실현<br>• 정의 | 교과서 법과 정의의 여신, 아스트라이아<br>실생활 돌기둥에 새겨진 법전, 함무라비 법전 | 😄 🙂 🙁 |

# 1일

## 오늘의 낱말

다음 한자어의 뜻과 음을 살펴보고 예문을 읽어 보세요.

| 發 | 生 |
|---|---|
| 필 발 | 날 생 |

**발생:** 사물이 생겨나거나 어떤 일이 일어남.
- 교실에서 도난 사건이 **발생**했다.
- 계속되는 층간 소음 **발생**으로 관리실에서 공지 사항이 내려왔다.

| 節 | 制 |
|---|---|
| 알맞을 절 | 누를 제 |

**절제:** 정도에 넘지 않게 적절히 조절하여 제한함.
- 과소비는 **절제**해야 한다.
- 탄산음료를 마시는 것을 **절제**하면 건강을 지키는 데 도움이 된다.

| 調 | 節 |
|---|---|
| 고를 조 | 마디 절 |

**조절:** 상황에 알맞게 맞추거나 균형에 맞게 바로 잡음.
- 호흡 **조절**을 잘해야 마라톤을 완주할 수 있다.
- 날씨가 무척 더워 에어컨 설정 온도를 **조절**했다.

| 效 | 果 |
|---|---|
| 보람 효 | 열매 과 |

**효과:** 어떠한 것을 하여 얻어지는 좋은 결과.
- 도라지 차는 목감기에 **효과**가 좋다.
- 부모님은 우리에게 다투지 말라고 타이르셨지만 별 **효과**가 없었다.

## 오늘의 퀴즈

빈칸에 들어갈 알맞은 낱말을 보기 에서 골라 쓰세요.

보기

| 발생 | 절제 | 조절 | 효과 |

**1** 근검하고 ☐☐ 있는 생활 태도를 가지는 것이 좋다.

**2** 라면을 맛있게 끓이려면 물의 양을 잘 ☐☐ 해야 한다.

**3** 컴퓨터 프로그램에 오류가 ☐☐ 하여 모든 업무가 중단되었다.

**4** 그 회사는 유명한 축구 선수를 모델로 내세워 홍보 ☐☐ 를 톡톡히 보았다.

미리 쌓는 배경지식

# 스마트폰

- 2010년대 초반에 스마트폰이 대중화되면서, 스마트폰을 사용하는 문화에 익숙한 스마트폰 세대가 생겨나게 되었다.

- 대체로 우리나라 사람들은 스마트폰을 하루 평균 약 5시간 사용한다.

- 해가 거듭될수록 청소년의 스마트폰 중독 현상은 심각한 사회 문제가 되고 있다.

교과서 문해력

# 휴대폰 없이는 못 살아

**1문단** "내 휴대폰 어디 있는지 알아?"

아침에 일어나자마자 동생 지호가 휴대폰을 찾았다. 분명 자기 전까지 만졌으니 침대 어딘가에 있을 텐데, 이불을 뒤적거려도 휴대폰이 나오지 않자 지호는 짜증이 난 듯했다. 아무래도 침대와 벽 틈새로 휴대폰이 떨어진 것 같았다.

**2문단** 한참 동안 우당탕대는 소리가 들리더니 곧 지호가 먼지 묻은 휴대폰을 들고 나왔다. 그 와중에도 휴대폰으로 친구와 대화 중이었다. "너 휴대폰 중독이야."라고 말하니, 휴대폰에 집중하던 지호가 고개를 돌려 "뭐라고?" 하고 •반문했다. 이런 적이 한두 번이 아니다. 했던 말을 또 해야 하는 나 역시도 짜증이 났다.

"너 노모포비아(No mobile-phone phobia)라고!"

**3문단** 지호는 곧바로 '노모포비아'를 휴대폰으로 검색하기 시작했다. 심각한 표정을 짓던 지호가 "누나 말이 맞아. 휴대폰이 내 손안에 없으면 왠지 불안해. 이를 어쩌지?" 하고 외쳤다. 지호는 우리 가족 중에서 휴대폰을 월등하게 많이 사용하는 사람이다. 아빠께서 눈이 나빠지니 자기 전에 불을 끈 채로 휴대폰을 쓰지 말라고 말씀하셨는데도, 지호는 잠들기 전까지 휴대폰을 사용한다. 심지어 화장실에 갈 때조차 휴대폰을 가져가니 지호는 심각한 '노모포비아'였다.

**4문단** "너, 정말 큰일 날 수 있어. 잠을 제대로 자지 않고 밤늦게까지 휴대폰을 사용하면 •불면증이 올 수도 있고, 아빠 말씀대로 시력이 •저하될 수도 있어. 그리고 친구들과의 관계에서도 문제가 발생할 수 있다고."

내가 이야기하자, 지호는 "휴대폰으로 할 수 있는 것들이 너무 재미있는 걸 어떡해." 하고 •웅얼거렸다. 그러면서도 "그럼 어떻게 해야 하지? 내가 스스로 휴대폰 사용을 절제할 수 있을까?"라고 물었다. 나는 얼마 전 친구에게 들었던 내용이 떠올라 지호의 휴대폰에 ㉠사용 시간을 조절할 수 있는 앱을 내려받았다. 그리고 지호가 주로 사용하는 게임 앱의 설정에 들어가 알림을 꺼 버렸다. 알림이 오지 않으면 지금보다 덜 접속할 것이다. 이 방안이 꼭 효과가 있으면 좋겠다.

## 이런 뜻이에요

- **반문했다** 물음에 대답하지 않고 질문한 사람에게 도리어 물었다.
- **불면증** 밤에 잠을 못 자는 상태가 오래도록 지속되는 증상.
- **저하될** 정도, 능률, 수준 등이 낮아질.
- **웅얼거렸다** 낮고 작은 목소리로 남에게 잘 안 들리도록 혼잣말을 자꾸 했다.

**1** 이 글을 통해 짐작할 수 있는 '노모포비아'의 의미에 ○표 하세요.

| 일상생활이 곤란할 정도로 SNS에 중독된 현상. | 휴대폰의 사용을 중단하고 휴식을 취하는 방법. | 휴대폰을 소지하고 있지 않으면 불안함을 느끼는 현상. |

**2** 다음 중 지호의 '노모포비아' 증상을 나타내는 행동이 <u>아닌</u> 것은 무엇인가요? (        )

① 눈을 뜨자마자 휴대폰부터 찾는다.
② 잠들기 전까지 휴대폰을 사용한다.
③ 화장실에 갈 때도 휴대폰을 가져간다.
④ 친구와의 대화 수단으로 휴대폰을 사용한다.
⑤ 누나의 말을 들을 때도 휴대폰을 계속 보고 있다.

**3** 지호가 ㉠을 사용하며 보일 수 있는 반응으로 알맞지 <u>않은</u> 것은 무엇인가요? (        )

① 앱을 설치한 뒤부터 휴대폰의 데이터 사용량이 줄었어.
② 잠들기 전에 휴대폰을 덜 보게 되어 수면의 질이 높아졌어.
③ 게임 앱에서 알림이 오지 않아 접속 빈도를 줄이게 되었어.
④ 처음엔 불편했지만, 덕분에 시간을 더 효율적으로 관리하게 되었어.
⑤ 휴대폰 사용 시간을 줄이는 데는 효과적이었지만, 가끔은 스트레스도 받았어.

**4** 이 글과 ＿보기＿를 읽고 난 후의 반응으로 맞으면 ○표, 틀리면 ×표 하세요.

＿보기＿

　휴대폰에 과하게 의존하는 학생을 대상으로 조사한 결과 스트레스가 많을수록, 친구 관계가 좋지 않을수록, 부모님이 맞벌이일수록 휴대폰에 의존할 가능성이 높은 것으로 드러났다. 더 나아가 성별에 따라 남학생은 게임 중독, 여학생은 SNS 중독 위험군에 속하는 경우가 많았다.

(1) 성별에 상관없이 모든 학생이 휴대폰에 동일한 중독 유형을 보이는구나. (        )
(2) 휴대폰에 의존하는 현상은 스트레스, 친구 관계, 가정 환경에 영향을 받는구나.
(        )

# 나도 혹시 디지털 치매?

자유 게시판

6학년 1반 자유 게시판 ✎

⌂ HOME > 학생마당 > 자유 게시판

## 디지털 °치매라고 들어 봤니?

👤 권현재  12시간 전

너희도 이런 적 있지? 무언가를 찾으려고 했는데 갑자기 "어? 그게 뭐였지?" 하면서 기억이 안 나는 순간, 또는 어제 무엇을 했는지 기억이 잘 나지 않거나, 일주일 전에 읽은 책 내용을 깜박한 적 말이야. 혹시 제헌절이 몇 월 며칠인지, 120분이 몇 시간인지 잠깐 고민한 적은 없니? 이럴 때에는 보통 가장 먼저 휴대폰을 꺼내 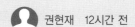㉠검색할 거야.

이런 현상을 '디지털 치매'라고 부른다고 해. 디지털 기기에 너무 °의존하다 보면 무언가를 직접 계산하거나 외우는 게 점점 힘들어진다는 거야. 원래 우리가 해야 할 일을 휴대폰이나 컴퓨터가 대신 해 주다 보니, 우리 뇌가 점점 게을러지는 거지. 맞춤법이 헷갈릴 때마다 컴퓨터가 알아서 고쳐 주니까 맞춤법을 정확히 알지 못하게 되는 것도 디지털 치매의 한 예야. 지도 앱이 없으면 길을 못 찾거나 불안해지는 것도 마찬가지고.

만약 휴대폰을 잃어버렸는데, 가족의 전화번호가 기억나지 않아 연락을 못 하게 되면 불안하겠지? 가끔은 휴대폰을 잠시 내려놓고 우리 뇌를 직접 써 보는 시간을 가져보는 게 어떨까? 여기 '디지털 치매 자가 진단표'를 파일로 첨부해 둘게. 너희들도 한 번 진단해 보도록 해!

### 이런 뜻이에요

- **치매** 주로 노인에게 나타나는 질환으로, 뇌세포가 손상되어 지능, 기억, 의지 등이 사라지는 병.
- **의존하다** 어떤 일을 스스로 하지 못하고 다른 어떤 것의 도움을 받아 의지하다.
- **대체하게** 비슷한 다른 것으로 바꾸게.

**1** 이 글의 내용을 다음과 같이 요약했어요. 빈칸에 들어갈 알맞은 말을 이 글에서 찾아 쓰세요.

> 디지털 치매는 휴대폰과 같은 디지털 기기를 자신의 두뇌처럼 쓰는 것으로, 디지털 기기에 너무 _____ 하는 바람에 계산 능력, 암기력 등이 떨어지는 현상이다. 이를 예방하기 위해서는 휴대폰에서 의식적으로 멀어져 스스로 생각하고 판단해야 한다.

**2** 다음 중 디지털 치매의 증상과 거리가 <u>먼</u> 사람은 누구인가요? (          )

① 숙제를 할 때마다 인터넷에서 답을 찾는 제이
② 아침에 엄마가 깨워 주지 않으면 일어나지 못하는 희재
③ 학교 시간표를 기억하지 못하여 휴대폰을 확인하는 우영
④ 익숙한 동네에서도 지도 앱 없이는 길을 찾기 어려워하는 상희
⑤ 친구나 가족의 생일을 기억하지 못하고 SNS 알림에만 의존하는 이수

**3** 다음 중 ㉠과 바꾸어 쓸 수 <u>없는</u> 낱말은 무엇인가요? (          )

① 조사할
② 가르칠
③ 살펴볼
④ 찾아볼
⑤ 들여다볼

**4** 이 글을 읽고 친구들이 보인 반응으로 알맞지 <u>않은</u> 것은 무엇인가요? (          )

① 나도 디지털 치매에 걸린 것 같아! 120분이 몇 시간인지 잠깐 고민했어.
② 디지털 치매 예방법이 있을까? 증상이 심해지면 어떻게 대처해야 할까?
③ 우리끼리 약속을 정해서 하루에 몇 시간이라도 휴대폰 없이 지내보는 게 어때?
④ 이 글을 보니 난 이미 디지털 치매에 걸린 것 같은데, 어떻게 진단할 수 있을까?
⑤ 디지털 기기를 쓰는 게 나쁜 건 아니지 않니? 용도에 맞게 잘 쓰면 큰 문제는 없을 것 같아.

# 2일

## 오늘의 낱말

다음 한자어의 뜻과 음을 살펴보고 예문을 읽어 보세요.

| 分 | 泌 |
|---|---|
| 나눌 **분** | 스며나올 **비** |

**분비:** 세포에서 만들어진 액체를 세포 밖으로 내보내는 것.

- 성장 호르몬이 잘 **분비**되려면 일찍 자야 한다.
- 운동하면 땀이 **분비**되고 노폐물이 배출되면서 개운해진다.

| 不 | 快 |
|---|---|
| 아닐 **불** | 기쁠 **쾌** |

**불쾌:** 어떠한 일이 마음에 들지 않아서 기분이 좋지 않음.

- 쓰레기장에서 **불쾌**한 냄새가 난다.
- 그는 **불쾌**한 기분을 없애기 위해 맛있는 음식을 먹었다.

| 攝 | 取 |
|---|---|
| 당길 **섭** | 취할 **취** |

**섭취:** 영양소 등을 몸속에 받아들임.

- 우리는 매일 물을 충분히 **섭취**해야 한다.
- 다이어트 중에는 고열량 음식 **섭취**를 제한해야 한다.

| 要 | 因 |
|---|---|
| 요할 **요** | 까닭 **인** |

**요인:** 사물 혹은 사건 등이 성립되는 중요한 원인.

- 사장님의 성실함은 그 가게의 성공 **요인**이다.
- 선수들 간의 호흡이 맞지 않은 것이 오늘 경기의 패배 **요인**이다.

## 오늘의 퀴즈

빈칸에 들어갈 알맞은 낱말을 보기 에서 골라 쓰세요.

보기

분비      불쾌      섭취      요인

1  청소년은 카페인을 ☐☐ 하지 않는 것이 좋다.

2  사람의 성격은 유전적, 환경적 ☐☐ 에 따라 만들어진다.

3  가벼운 산책을 하면 행복 호르몬인 세로토닌이 ☐☐ 된다.

4  지각을 할까 봐 학교에 뛰어갔더니 온몸에 땀이 나 ☐☐ 했다.

 미리 쌓는 배경지식

# 유전자

- 대대손손 자손에게 전해지는 유전 정보의 기본 단위로, 생물체의 세포를 구성하고 유지하는 데에 필요한 정보가 담겨 있다.
- 동양인과 서양인의 유전자는 서로 다른 특성을 지니고 있다.

# 냄새가 나는 까닭

과학

**1문단** 대중교통을 탔을 때 높이 매달려 있는 손잡이를 잡으려 팔을 들어 올리는 사람의 옆에 있다가 예기치 못하게 악취를 맡은 경험이 있을 것이다. 땀이 줄줄 흐르는 여름이 되면 이처럼 어디선가 톡 쏘는 냄새가 코끝을 스쳐 지나간다. 코끝을 찌르는 이 냄새를 '암내'라고 부르는데, 암내의 원인은 겨드랑이에 *분포해 있는 아포크린 땀샘에 있다. 아포크린 땀샘에서는 화학 물질을 분비하는데, 이것이 *박테리아와 *불포화 지방산을 만나면 냄새가 나게 된다.

**2문단** 유럽이나 미국과 같은 서양 국가에 가면, 공기 중에 떠다니는 이 냄새를 우리나라에서보다 더 자주 맡을 수 있다. 암내에는 유전자가 미치는 영향이 가장 크기 때문이다. 겨드랑이에서 나는 냄새에 관여하는 ABCC11 유전자는 A 유전자와 G 유전자로 나누어진다. A 유전자를 가진 사람은 아포크린 땀샘에서 땀이 적게 분비되며 귀지가 건조한 반면, G 유전자를 가진 사람은 아포크린 땀샘에서 땀이 활발히 분비되며 귀지가 축축하다. A 유전자는 동아시아인에게서 많이 나타나며, G 유전자는 유럽인과 아프리카인에게서 많이 나타난다. 우리나라는 G 유전자를 가진 사람의 비율이 2%정도 밖에 되지 않는다. 또한, G 유전자가 아예 섞이지 않은 AA 유전자도 있는데, 전 세계에서 우리나라 사람이 이 유전자를 가장 많이 가지고 있다. ⃞───────────⃟ ㉠ ⃞───────────⃟

**3문단** 물론 유전자 외에도 암내를 풍기게 하는 여러 가지 환경적 요인이 있다. 다른 음식에 비해 지방이 많은 고기나 유제품 등을 많이 섭취한다거나, *호르몬 분비가 활발한 사춘기나 젊은 나이대에는 암내가 더욱 심해지기도 한다. 여름인데 잘 씻지 않거나 땀이 잘 흡수되지 않는 옷을 입으면 암내 때문에 주변 사람들을 괴롭게 할 수 있다. 그러므로 땀이 잘 나는 더운 여름에는 냄새 때문에 타인에게 불쾌감을 주지 않도록 몸을 청결하게 관리해야 하며, 냄새가 날까 봐 고민이 된다면 암내를 막아 주는 냄새 제거제 등을 사용하는 것도 좋다.

### 이런 뜻이에요

- **분포해** 일정한 범위에 흩어져 퍼져.
- **박테리아** 사람을 병들게 하거나 음식을 썩게 만드는 아주 작은 생물.
- **불포화 지방산** 식물성 기름 혹은 물고기 기름 등에 많이 들어 있으며 콜레스테롤을 낮추는 것으로 알려진 에너지원.
- **호르몬** 몸에서 나와 몸 안을 돌며 다른 조직과 신체 기관의 활동을 조절하는 물질.

**1** 이 글의 읽고 중심 내용과 관련이 <u>없는</u> 것을 찾아 ○표 하세요.

| 대중교통 | 유전자 | 땀 냄새 |
|---|---|---|

 **2** 이 글의 내용으로 알맞지 <u>않은</u> 것은 무엇인가요? (          )

① A 유전자는 동아시아인에게서 많이 나타난다.

② 우리나라에는 G 유전자를 가진 사람이 매우 적다.

③ 암내에 미치는 영향이 가장 큰 것은 환경적 요인이다.

④ 우리나라에는 AA 유전자를 가진 사람이 전 세계에서 가장 많다.

⑤ 암내는 아포크린 땀샘에서 분비하는 화학 물질 때문에 발생한다.

**3** 이 글에 언급된 냄새 관리 방법에 대한 반응으로 알맞지 <u>않은</u> 것은 무엇인가요? (          )

① 땀 냄새를 가릴 수 있도록 향수를 많이 뿌려야겠어.

② 여름에는 샤워를 자주 하고 몸을 청결하게 유지해야겠어.

③ 땀이 많이 나는 편이면 냄새 제거제를 사용하는 것이 좋겠어.

④ 땀이 난 옷은 세탁하고, 바람이 잘 통하는 옷을 입는 것이 좋겠어.

⑤ 암내를 줄이려면 고기와 우유 대신 지방이 적은 음식을 섭취하는 것이 좋겠어.

 **4** 다음 중 ㉠에 들어갈 문장으로 알맞은 것은 무엇인가요? (          )

① 그래서 ABCC11 유전자는 암내와 관련이 있다.

② 그래서 한국인은 암내가 나지 않지만, 대신 다른 불쾌한 냄새를 풍긴다.

③ 그러므로 실제로는 한국인이 세계에서 가장 강한 암내를 가진 인종이다.

④ 그래서 한국인은 세계에서 가장 불쾌한 냄새가 나지 않는 인종이라고도 볼 수 있다.

⑤ 그러므로 G 유전자를 가진 사람들은 암내가 나지 않으며, A 유전자를 가진 사람들만 암내가 난다.

동영상

# 얼룩을 지우는 다양한 방법

**1**

공부하다가 옷에 볼펜 자국이 묻거나, 친구들과 뛰놀다가 넘어져 옷에 피가 묻을 수도 있어요. 다양한 상황에서 만들어지는 얼룩은 생긴 즉시 세탁해야 하는데, 얼룩에 따라 이를 없애는 방법이 다르답니다.

**2**

옷에 잉크가 묻었다면 물파스를 사용하세요. 물파스로 얼룩을 톡톡 두드린 다음에 미지근한 물로 °헹구어 내면 잉크가 사라져요. 다만, 잉크 위에 휴지나 수건을 대고 물파스를 두드려야 잉크가 번지지 않아요.

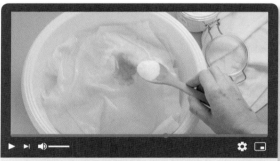

**3**

옷에 피가 묻었을 때는 약국에서 파는 과산화수소수나 세탁 세제를 옷에 떨어뜨린 다음 비벼서 빨아 주세요. °핏자국은 뜨거운 물이 아니라 찬물에 빨아야 잘 지워지니, 이를 꼭 기억해 두세요.

**4**

옷에 김치 국물이 묻었다면 그릇을 닦을 때 쓰는 주방 세제를 이용하세요. 과일 주스나 탄산음료를 옷에 쏟았다면 소금물에 옷을 ㉠담가 놓았다가 세탁하면 깨끗하게 얼룩을 °제거할 수 있어요.

**이런 뜻이에요**

- **헹구어** 깨끗한 물에 넣어서 더러운 때나 비눗물이 빠지도록 흔들어 씻어.
- **핏자국** 피가 묻어난 흔적.
- **제거할** 없애 버릴.

**1** 이 동영상의 목적은 무엇인가요? (          )

① 손빨래의 중요성을 알리기 위해

② 다양한 얼룩의 성분과 특징을 설명하기 위해

③ 얼룩이 생기는 다양한 상황을 묘사하기 위해

④ 흰옷을 하얗게 유지하는 방법을 알려 주기 위해

⑤ 얼룩에 따라 달라지는 세탁 방법을 알려 주기 위해

**2** 다음의 얼룩에 따른 알맞은 세탁 방법을 줄로 이으세요.

| 잉크 | • | | • | 주방 세제로 얼룩을 문질러 세탁한다. |
| 핏자국 | • | | • | 소금물에 옷을 담가 놓았다가 세탁한다. |
| 김치 국물 | • | | • | 물파스로 얼룩을 톡톡 두드려 미지근한 물에 헹구어 세탁한다. |
| 과일 주스 | • | | • | 과산화수소수를 옷에 떨어뜨린 다음 찬물에 비벼서 세탁한다. |

**3** 이 동영상을 보고 난 후의 반응으로 알맞지 <u>않은</u> 것은 무엇인가요? (          )

① 옷에 얼룩이 생기면 세탁 세제를 사용해서는 안 되겠군.

② 잘못된 방법으로 옷을 세탁하면 얼룩이 더 심해질 수도 있겠군.

③ 세탁기로 옷을 세탁한다고 해서 모든 얼룩이 제거되지는 않겠군.

④ 얼룩의 성분을 고려하여 각기 다른 방법으로 세탁하는 게 좋겠군.

⑤ 본래의 용도와는 다르더라도 여러 물품을 세탁에 이용할 수 있겠군.

**4** 다음 밑줄 친 낱말의 뜻이 ㉠과 다르게 쓰인 것은 무엇인가요? (          )

① 우리 집은 매년 김치를 <u>담가</u> 먹는다.

② 설거지할 그릇들을 싱크대에 <u>담가</u> 놓으렴.

③ 나는 욕조에 몸을 <u>담근</u> 채로 한참을 있었다.

④ 계곡물에 발을 <u>담그니</u> 더위가 가시는 것 같았다.

⑤ 수경 식물은 뿌리를 물에 <u>담가</u> 놓고 기르는 식물이다.

## 오늘의 낱말

다음 한자어의 뜻과 음을 살펴보고 예문을 읽어 보세요.

| 疑 | 問 |
|---|---|
| 의심할 의 | 물을 문 |

**의문:** 어떤 것에 대해서 의심스럽게 생각함. 또는 의심스러운 사실이나 문제.

- 나는 결정된 안건에 대해 반장에게 **의문**을 제기했다.
- 증인이 나타나면서 이번 폭행 사건의 **의문**이 풀렸다.

| 中 | 斷 |
|---|---|
| 가운데 중 | 끊을 단 |

**중단:** 어떤 일을 중간에 그만두거나 멈춤.

- 경기 중, 비가 쏟아져서 심판이 경기 **중단**을 선언했다.
- 건설 현장에서 유물이 발굴되면서 공사가 **중단**되었다.

| 特 | 異 |
|---|---|
| 유다를 특 | 다를 이 |

**특이:** 보통의 것에 비해서 뚜렷하게 다름.

- 나는 우유를 못 먹는 **특이** 체질이다.
- 이번에 간 전시회에는 **특이**한 작품이 많았다.

| 毁 | 謗 |
|---|---|
| 헐 훼 | 헐뜯을 방 |

**훼방:** 남의 일을 방해함.

- 그 가게는 거래에 **훼방**을 놓았다.
- 모여든 사람들의 **훼방**으로 촬영이 미루어졌다.

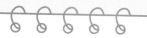

괄호 안에 들어갈 알맞은 낱말을 골라 보세요.

멧돼지 때문에 사람들이 공포에 떨고 있다. 멧돼지가 산에서 내려오는 것이 그리 ( **평범** / **특이** )한 일은 아니다. 멧돼지는 자주 인근 농가에 내려와 농사일에 ( **훼방** / **파손** )을 놓는다. 몇몇 사람들은 야생 멧돼지가 어째서 사람들이 사는 곳으로 내려오는지 ( **의문** / **불신** )을 품을 수도 있다. 이는 생태계가 파괴되어 산에 먹이가 부족해졌기 때문이다. 생태계를 보호하고 우리의 안전을 지키기 위해서는 무분별한 개발을 ( **중단** / **계속** )할 것을 진지하게 고려해야 한다.

## 곤충

- 잠자리, 벌, 나비처럼 몸이 머리, 가슴, 배 세 부분으로 나뉘는 동물이다.
- 알에서 부화하면 애벌레 시기를 거쳐 어른벌레가 되며, 짝짓기해서 알을 낳는다. 어른벌레가 되기 전 번데기 시기를 보내기도 한다.
- 잠자리, 모기, 하루살이 등은 물속에서 애벌레 시기를 보낸다.

# 하루살이의 마지막 날갯짓

**1문단** 한 거북이가 붉은 저녁노을을 바라보고 있었습니다. 그런데 감상에 훼방을 놓는 이가 있었으니, 바로 거북이의 머리 위를 날아다니는 벌레였습니다. 벌레는 1cm쯤 되는 작은 체구로 거북이의 주변을 바삐 돌아다니고 있었습니다.

"내 머리 위를 날아다니는 너는 대체 누구니?"

거북이가 묻자, 작은 벌레가 자신을 '하루살이'라고 소개했습니다.

"이름이 참 특이하구나. 하루밖에 못 살아서 '하루살이'야?"

**2문단** 하루살이의 표정이 시무룩해졌습니다. 거북이는 그런 하루살이를 보며 흠칫했습니다. '㉠정말인가? 내가 상처를 준 걸까?' 하고 눈치를 보고 있던 사이, 하루살이가 거북이의 질문에 대답했습니다.

"오늘은 저의 처음이자 마지막으로 하는 비행이에요. 해가 지는 그 찰나, 우리는 암컷과 수컷이 함께 하늘로 날아올라 춤을 추어요. 짝을 찾아 알을 낳고는 곧바로 이 세상을 떠나는 운명이에요. 우리는 물 위에 알을 떨어뜨리거나 물속 깊이 들어가 알을 낳은 뒤 세상을 떠난답니다."

**3문단** 거북이는 미안한 표정을 지었습니다. 그러자 하루살이가 말했습니다.

"슬픈 일은 아니에요. 저희는 한 번에 많으면 3,000개까지 알을 낳으니까요. 저희의 자손이 알에서 태어나고 다시 짝을 찾으며 새로운 생명으로 이어지지요."

거북이는 하루살이의 한살이에 대해 잘 알지 못했지만, 알에서 깨어나 짝을 찾고 알을 낳기까지 주어진 시간이 너무 짧은 것이 아닌가 하는 의문이 들었습니다. 하루살이가 다시 거북이의 머리 위를 빙빙 돌더니 입을 열었습니다.

**4문단** "우리는 알에서 애벌레의 형태로 °부화해요. 그리고 물속에서 1~3년을 살면서 서른 번이나 °탈피해요. 그렇게 °성충이 되면 물 위로 날아오르지요. 성충이 된 우리는 아주 짧은 시간을 살아요. 하루처럼 짧게 느껴질 만큼요."

"실제로 하루만 사는 건 아니군. ㉡그럼 우리는 이미 물속에서 만났을지도 몰라!"

그 말에 하루살이는 미소를 짓다가 천천히 날갯짓을 중단하더니 거북이의 머리 위로 ㉢내려앉았습니다. 그리고 더 이상 하루살이는 날갯짓하지 못했습니다.

### 이런 뜻이에요

- **부화해요** 동물의 알 속에서 새끼가 껍데기를 깨고서 밖으로 나와요.
- **탈피해요** 곤충류나 파충류가 자라며 껍질이나 허물을 벗어요.
- **성충** 다 자란 곤충.

**1** 이 글의 중심 내용으로 알맞은 것에 ○표 하세요.

하루살이의 꿈            하루살이의 생애            하루살이와 저녁노을

**2** 이 글을 읽고, **틀린** 내용을 바르게 고쳐 쓰세요.

(1) 성충이 된 하루살이의 크기는 약 2cm이다.

(2) 하루살이는 성충이 되기 전 일곱 번 탈피한다.

(3) 하루살이는 유충이 된 뒤 짧은 수명을 가져 붙여진 이름이다.

**3** ㉠과 ㉡에서 짐작할 수 있는 거북이의 마음을 알맞게 짝 지은 것은 무엇인가요? (          )

① ㉠ - 놀람. ㉡ - 뿌듯함.

② ㉠ - 놀람. ㉡ - 안쓰러움.

③ ㉠ - 미안함. ㉡ - 답답함.

④ ㉠ - 미안함. ㉡ - 신기함.

⑤ ㉠ - 미안함. ㉡ - 무서움.

**4** 다음 중 ㉢과 같은 뜻으로 사용된 낱말은 무엇인가요? (          )

① 나비가 내 어깨 위에 살포시 내려앉았다.

② 도로가 내려앉으면서 싱크홀이 발생했다.

③ 새벽이라 그런지 안개가 뿌옇게 내려앉아 있었다.

④ 할머니가 다치셨다는 소식에 마음이 쿵 내려앉았다.

⑤ 그는 경기에서 실수하는 바람에 후보 선수로 내려앉았다.

백 과 사 전

# 맴맴, 매미의 한살이

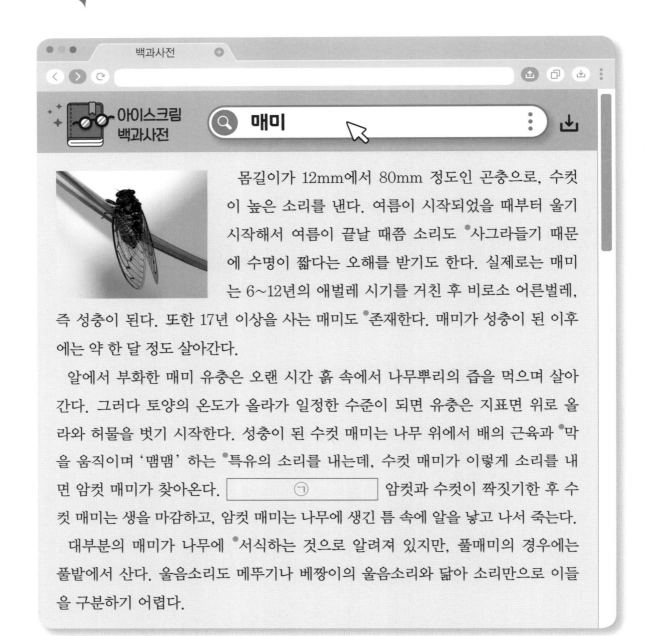

아이스크림 백과사전

🔍 **매미**

몸길이가 12mm에서 80mm 정도인 곤충으로, 수컷이 높은 소리를 낸다. 여름이 시작되었을 때부터 울기 시작해서 여름이 끝날 때쯤 소리도 •사그라들기 때문에 수명이 짧다는 오해를 받기도 한다. 실제로는 매미는 6~12년의 애벌레 시기를 거친 후 비로소 어른벌레, 즉 성충이 된다. 또한 17년 이상을 사는 매미도 •존재한다. 매미가 성충이 된 이후에는 약 한 달 정도 살아간다.

알에서 부화한 매미 유충은 오랜 시간 흙 속에서 나무뿌리의 즙을 먹으며 살아간다. 그러다 토양의 온도가 올라가 일정한 수준이 되면 유충은 지표면 위로 올라와 허물을 벗기 시작한다. 성충이 된 수컷 매미는 나무 위에서 배의 근육과 •막을 움직이며 '맴맴' 하는 •특유의 소리를 내는데, 수컷 매미가 이렇게 소리를 내면 암컷 매미가 찾아온다. [ ㉠ ] 암컷과 수컷이 짝짓기한 후 수컷 매미는 생을 마감하고, 암컷 매미는 나무에 생긴 틈 속에 알을 낳고 나서 죽는다.

대부분의 매미가 나무에 •서식하는 것으로 알려져 있지만, 풀매미의 경우에는 풀밭에서 산다. 울음소리도 메뚜기나 베짱이의 울음소리와 닮아 소리만으로 이들을 구분하기 어렵다.

**이런 뜻이에요**

- **사그라들기** 가라앉거나 줄어들어서 거의 없어져 가는.
- **존재한다** 실제로 있다.
- **막** 표면을 덮고 있는 얇은 물질.
- **특유** 일정한 사물만이 특별히 갖추고 있음.
- **서식하는** 생물이 어떤 곳에 보금자리를 만들어 사는.

**1** 이 백과사전을 통해 알 수 있는 내용으로 맞으면 ○표, 틀리면 ×표 하세요.

(1) 매미 특유의 울음소리는 배의 근육과 막을 움직여 내는 소리이다.　　　(　　　)

(2) 매미의 유충은 오랜 기간 동안 땅 표면에서 서식하며 생을 이어간다.　　　(　　　)

(3) 매미의 생애 주기에서 성충으로서의 수명은 약 30일 내외에 불과하다.　　(　　　)

**2** 매미의 생애를 순서대로 골라 빈칸에 그 기호를 쓰세요.

> (가) 매미 유충은 나무뿌리의 즙을 먹으며 살아간다.
> (나) 수컷 매미와 암컷 매미가 서로를 찾아 짝짓기를 진행한다.
> (다) 수컷 매미는 암컷 매미를 유인하기 위해 울음소리를 낸다.
> (라) 특정 온도에 도달하면 유충이 땅 위로 나와 탈피하기 시작한다.
> (마) 짝짓기가 끝나면 수컷 매미는 생을 마감하고, 암컷 매미는 산란 후 생을 마친다.

( （가） ) → (　　　) → (　　　) → (　　　) → (　　　)

**3** 다음 중 ㉠에 들어갈 낱말로 알맞은 것은 무엇인가요? (　　　)

① 또한　　　　　　　② 그러나　　　　　　　③ 그리고
④ 하지만　　　　　　⑤ 그렇지만

**4** 이 백과사전과 보기 를 읽고 난 후의 반응으로 맞으면 ○표, 틀리면 ×표 하세요.

> 보기
>
> 매미는 주변의 기온에 따라 체온에 영향을 받는 변온 동물로, 낮은 온도에서는 활동이 줄어든다. 매미는 외부 온도가 낮은 겨울 또는 비가 오는 날에는 활동하지 않다가 날씨가 따뜻해지면 나무 위로 올라와 비로소 울음을 내기 시작한다.

(1) 도시의 기온이 시골보다 높다하더라도, 시골의 매미소리가 더 우렁찰 거야.

(　　　)

(2) 비가 내리는 중이라도 기온이 높은 상태가 유지된다면 매미의 울음소리를 들을 수 있 겠구나.　　　(　　　)

# 4일

다음 한자어의 뜻과 음을 살펴보고 예문을 읽어 보세요.

| 無 | 關 |
|---|---|
| 없을 무 | 관계할 관 |

**무관**: 서로 관계가 없음.
- 우리는 그 사건과 **무관**하다.
- 나는 내 이익과 **무관**한 봉사 활동에 참여했다.

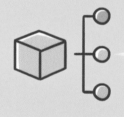

| 分 | 野 |
|---|---|
| 나눌 분 | 들 야 |

**분야**: 어떤 기준에 따라서 나눈 부분이나 범위 중 하나.
- 운동은 내가 잘하는 **분야**가 아니다.
- 그녀는 관심 **분야**에 따라 선택 과목으로 미술을 선택했다.

| 收 | 集 |
|---|---|
| 거둘 수 | 모을 집 |

**수집**: 거두어 모음.
- 나의 취미는 우표 **수집**이다.
- 나는 우리 모둠에서 자료 **수집**을 맡았다.

| 節 | 次 |
|---|---|
| 마디 절 | 버금 차 |

**절차**: 일을 할 때 거치는 방법이나 순서.
- 공항에서는 출입국 **절차**를 지켜야 한다.
- 우리는 **절차**에 따라 차례대로 선거에 참여했다.

다음 낱말과 뜻을 알맞게 줄로 이으세요.

무관 •

분야 •

수집 •

절차 •

• 거두어 모음.

• 서로 관계가 없음.

• 일을 할 때 거치는 방법이나 순서.

• 어떤 기준에 따라서 나눈 부분이나 범위 중 하나.

미리 쌓는 배경지식

## 소셜 미디어

🍃 여러 사람의 생각과 의견, 경험 등을 서로 공유하는 온라인 매체를 일컫는다.

🍃 소셜 미디어에서는 다른 사람과 정보를 공유하고 소통할 수 있다.

🍃 블로그, SNS, 온라인 동영상 매체, 온라인 게임 등이 소셜 미디어에 해당한다.

## 추천 알고리즘의 세계

과학

교과서 문해력

**1문단** 소셜 미디어를 사용하다 보면, 내가 좋아할 만한 콘텐츠가 추천란에 뜰 때가 있다. 온라인 동영상 매체에서 내가 어떤 종류의 영상을 보았고, 이를 얼마나 오랫동안 봤는지를 바탕으로 내가 좋아할 만한 영상을 추천해 주는 것이 그 예이다.

**2문단** 이러한 소셜 미디어의 기능에 가장 큰 역할을 하는 것이 바로 '추천 알고리즘'이다. 알고리즘이란 어떤 문제를 해결하기 위한 절차와 방법을 일컫는 말로, 본래 아라비아 숫자를 이용해서 •사칙 연산을 하는 과정만을 의미했다. 그러다 오늘날에는 컴퓨터 프로그램 같은 기계의 작동 원리를 포함해 수학과는 동떨어진 분야에도 알고리즘을 적용하게 되었다. 소셜 미디어에서는 알고리즘 시스템을 활용하여 사용자의 정보를 수집, 분석하고 사용자에게 콘텐츠를 추천해 주는 서비스를 제공한다.

**3문단** 소셜 미디어를 많이 이용할수록 수집할 수 있는 정보가 그만큼 증가하므로, 추천 알고리즘의 정확도는 훨씬 높아진다. 예를 들어 내가 본 콘텐츠에 '좋아요'와 '싫어요' 혹은 '관심 없음'을 자주 표시하면, '좋아요' 표시를 한 콘텐츠와 비슷한 내용의 콘텐츠가 자주 •노출되고, '싫어요' 혹은 '관심 없음' 표시를 한 콘텐츠와 유사한 것은 적게 노출된다. 추천 알고리즘은 개인의 취향을 분석하여 사용자가 보고 싶은 콘텐츠를 쉽게 찾아볼 수 있게 해 준다. 하지만 추천 알고리즘이 늘 정확한 것은 아니다. 평소에 보지 않는 동영상을 어쩌다 보았다고 해서 비슷한 주제의 동영상이 계속 추천될 수도 있고, 관심사와 전혀 무관한 동영상이 추천란에 노출되기도 한다.

**4문단** 게다가 추천 알고리즘은 사용자가 •편향된 시각을 지니게 한다는 문제점이 있다. 사용자와 비슷한 성향을 지닌 사람들이 좋아하는 콘텐츠를 추천해 주고, 사용자는 이러한 콘텐츠만을 선택하다 보면 생각이 한쪽으로 치우치게 된다. 이러한 점으로 볼 때, 추천 알고리즘은 ㉠양날의 칼과 같다. 따라서 추천 알고리즘을 이용할 때에는 편향된 정보를 습득하지 않도록 주의를 기울여야 한다.

### 이런 뜻이에요

- **사칙 연산** 덧셈, 뺄셈, 곱셈, 나눗셈을 이용해 하는 셈.
- **노출되고** 감춰져 있는 것이 남이 알거나 볼 수 있도록 겉으로 드러나고.
- **편향된** 한쪽으로 치우치게 된.

**1** 이 글에서 알 수 있는 추천 알고리즘에 영향을 미치는 요소에 모두 ○표 하세요.

| 사용자가 구독한 채널의 개수 | 사용자가 선택한 콘텐츠의 내용 | 사용자가 표시한 콘텐츠의 선호도 |
|---|---|---|

**2** 이 글의 내용으로 맞으면 ○표, 틀리면 ×표 하세요.

(1) 알고리즘은 오로지 컴퓨터 프로그램에만 적용되는 개념이다.　　　　(　　　)

(2) 소셜 미디어를 많이 이용할수록 알고리즘의 정확도가 낮아진다.　　　(　　　)

(3) 알고리즘의 정확도는 사용자가 제공하는 데이터의 양과 질에 따라 달라질 수 있다.

　　　　　　　　　　　　　　　　　　　　　　　　　　　　　　　(　　　)

**3** 추천 알고리즘이 사용자에게 미치는 부정적 영향으로 알맞은 것은 무엇인가요? (　　　)

① 특정 분야에 관한 지식을 깊이 있게 습득하게 한다.

② 사용자가 필요한 정보를 빠르게 찾을 수 있게 한다.

③ 새로운 콘텐츠를 계속 제공하여 사용자의 흥미를 끈다.

④ 사용자가 선호하는 정보만 취하는 정보 편식 현상을 불러일으킨다.

⑤ 다양한 관점의 콘텐츠를 제공하여 사용자가 넓은 시각을 지닐 수 있게 한다.

**4** 다음 중 ㉠과 비슷한 뜻을 가진 사자성어에 ○표 하세요.

(1) 일장일단: 장점이 있으면 단점도 동시에 존재함.　　　　　　　　(　　　)

(2) 구밀복검: 입에서는 달콤한 말을 하지만 뱃속에는 칼을 품고 있음.　　(　　　)

# 나도 해시태그 달 수 있어!

## (가)

디지털박사  오늘은 SNS 게시 글에 해시태그를 붙이는 방법을 알려 드릴게요. 해시태그는 *끌어모은다는 뜻의 '해시(hash)'와 꼬리표라는 의미를 지닌 '태그(tag)'가 합쳐진 말이에요. 게시 글에 일종의 꼬리표를 다는 기능이지요. SNS 게시 글에 해시태그를 달고 싶을 때에는 특정 낱말이나 문구 앞에 '샤프 기호(#)'를 붙여 쓰면 됩니다. 단, 해시태그에는 띄어쓰기를 하지 않는다는 것을 기억하세요. 만약 띄어쓰기를 표현하고 싶다면 '_'를 사용해요. 해시태그를 이용해 검색하면 내가 원하는 정보를 쉽고 빠르게 찾을 수 있답니다.

#해시태그다는법  #해시태그_다는_법

1일 전

## (나)

이지아  오늘 인주동물원에 다녀왔어! 방송에서만 보던 판다 가족을 직접 볼 수 있다니 신나서 잠도 제대로 못 잤어. 입장 *대기 줄이 엄청 길어서 한 시간이나 기다렸는데, 평일이라 그나마 짧은 편이라고 하지 뭐야! 작은 영화관에서 판다가 주인공인 애니메이션도 보고, 대나무를 먹는 아기 판다도 직접 볼 수 있어서 좋았어. 동물원에 있는 카페에서 당근 주스도 마셨는데, 맛이 별로라서 좀 아쉬웠어. 대신 판다들이 먹는 빵인 '워토우'를 맛보았는데, 상상했던 것보다 부드럽고 촉촉해서 놀랐어. 정말 즐거운 하루였어!

ⓒ

30분 전

**이런 뜻이에요**

- **끌어모은다는**  관심을 집중시킨다는.
- **대기 줄**  차례를 기다리기 위하여 늘어선 줄.

**1** (가)에서 알 수 있는 내용으로 맞으면 ○표, 틀리면 ×표 하세요.

(1) 해시태그의 형식　　　　　　　　　　　　　　　　　（　　　）

(2) 해시태그의 역사　　　　　　　　　　　　　　　　　（　　　）

(3) 해시태그의 기능　　　　　　　　　　　　　　　　　（　　　）

**2** (가)와 　보기　를 읽고 난 후의 반응으로 알맞지 <u>않은</u> 것은 무엇인가요? (　　　　)

> 　보기　
>
> 　최근 SNS에서는 해시태그를 이용해 특정 의견을 지지하거나, 어떠한 행동에 참여한 후 다음 사람을 지목해 행동을 이어 가는 '챌린지'를 쉽게 접할 수 있다. 예를 들어, •루게릭병에 대한 관심을 모으기 위해 얼음물을 뒤집어쓰는 행동을 하는 챌린지에서는 SNS 게시 글에 '#아이스_버킷_챌린지'라는 해시태그를 달아 사람들이 글의 내용을 살피고 챌린지에 동참할 수 있게 하였다.
>
> • **루게릭병** 신경세포의 문제로 말미암아 근육이 쇠약해지는 병.

① 해시태그를 살펴보면 게시 글의 목적을 알 수 있겠군.

② 해시태그 없이 중요한 메시지를 전하기는 불가능하겠군.

③ 해시태그를 이용해 사람들을 행동하게 만드는 게 놀랍군.

④ 해시태그를 특정한 현상을 확산시키는 도구로 활용할 수도 있겠군.

⑤ 해시태그 덕분에 사람들의 사회 참여가 더 쉬워지는 측면이 있겠군.

**3** (나)에 달릴 수 있는 댓글로 알맞은 것은 무엇인가요? (　　　　)

① 평일보다는 주말에 방문해야 시간을 절약할 수 있겠어.

② 당근 주스가 정말 맛있었다니 나도 한번 마셔 보고 싶어.

③ 가족들과 만화 영화를 보러 영화관에 갔다니 정말 부러워.

④ 인주동물원에 판다가 네 마리나 있다는 것을 처음 알았어.

⑤ 생각보다 워토우가 먹기 편한 식감인 것 같아서 흥미롭네.

**4** 다음 중 ㉠에 들어 갈 해시태그로 적절하지 <u>않은</u> 것은 무엇인가요? (　　　　)

① #워토우

② #판다_애니메이션

③ #인주동물원_가는_방법

④ #인주동물원_대기_시간

⑤ #인주동물원_판다_가족

# 5일

## 오늘의 낱말

다음 한자어의 뜻과 음을 살펴보고 예문을 읽어 보세요.

| 公 | 正 |
|---|---|
| 공명할 공 | 바를 정 |

**공정:** 어느 한쪽으로 손해나 이익이 치우치지 않고 올바름.
- 우리는 우승 상품을 **공정**하게 나누어 가졌다.
- 반장은 학급을 이끌기 위해 **공정**한 입장을 취해야 한다.

| 獨 | 立 |
|---|---|
| 홀로 독 | 설 립 |

**독립:** 다른 것에 속해 있거나 붙어 있지 않고 독자적으로 존재함.
- 내가 찾던 박물관은 따로 **독립**된 건물에 있었다.
- 그곳은 어린이만 이용할 수 있는 **독립** 시설이다.

| 實 | 現 |
|---|---|
| 실제 실 | 나타날 현 |

**실현:** 계획이나 꿈 등을 실제로 이룸.
- 드디어 해외 진출이라는 나의 목표가 **실현**되었다.
- 나는 내 꿈을 **실현**하기 위해 진로 로드맵을 만들었다.

| 正 | 義 |
|---|---|
| 바를 정 | 옳을 의 |

**정의:** 진리에 맞는 올바른 도리.
- 그는 **정의**롭게 행동하는 것을 당연하게 생각하였다.
- 세상에는 불공정한 일에 목소리를 내고 **정의**를 지키고자 하는 사람이 많다.

## 오늘의 퀴즈

오늘 배운 낱말을 떠올리며 밑줄 친 부분을 바르게 고쳐 쓰세요.

예시

미술 준비물을 <u>놓고</u> 와서 집으로 다시 돌아가요.

| 놓 | 고 |
|---|---|

**1** 이번 계획은 <u>실연</u> 가능성이 높다.

| | |
|---|---|

**2** 그는 열일곱에 집을 나와 <u>독닙</u>했다.

| | |
|---|---|

**3** 법관은 법과 양심에 따라 <u>공점</u>한 판결을 내려야 한다.

| | |
|---|---|

**4** 우리 모두 힘을 합쳐 <u>정이</u>가 구현되는 사회를 만듭시다.

| | |
|---|---|

### 미리 쌓는 배경지식

## 아스트라이아

- 그리스·로마 신화에 나오는 법과 정의의 여신으로, 정의의 여신 디케와 동일한 인물로 보기도 한다.
- 아스트라이아는 인간들의 잘잘못을 가려 주다가, 너무나 타락한 인간들을 견디다 못해 결국 하늘로 올라가 별이 되었다고 전해진다.

# 법과 정의의 여신, 아스트라이아

**1문단** ㉠아스트라이아는 그리스·로마 신화에서 법과 정의를 °관장하는 여신이다. 아스트라이아는 재판정에 선 두 사람을 저울에 올렸는데, 이때 죄를 지은 사람 쪽 저울은 내려가고 무고한 사람이 선 저울은 올라가는 것을 보고 인간들의 잘잘못을 판단했다고 한다. ㉡그녀는 재판을 할 때 눈을 헝겊으로 가리고 왼손에 칼이나 법전을, 오른손에는 정의의 저울을 든 모습을 했다고 전해진다.

**2문단** 아스트라이아가 인간들의 죄를 판단하는 데 필요한 저울을 들고 있으면서도 눈을 가렸던 까닭은 무엇일까? 이는 판결을 내릴 때 편견 없이 공정하게 판단하기 위함이었다. 만약 두 사람을 직접 바라보며 옳고 그름을 가리게 되면, 무의식적으로 판단이 어느 한쪽으로 치우칠 가능성이 있다. 그래서 ㉢여신은 눈을 가린 채 저울의 무게에 의지하여 판결을 내림으로써 공정함을 유지하려 했던 것이다.

**3문단** 그렇다면 아스트라이아가 왼손에 칼이나 법전을 든 까닭은 무엇일까? 칼은 정의를 실현하기 위해서는 강력한 힘이 필요하다는 것을, 법전은 법에 따라 판결한다는 것을 상징한다. 결국, 칼과 법전은 엄격하게 법을 °집행하고자 하는 ㉣법과 정의의 수호자의 의지를 나타낸다. 오늘날에도 공정한 판결과 엄격한 법 집행은 여전히 중요하다. 그래서 외부의 °압력과 영향에서 자유로울 수 있도록 °사법권의 독립을 보장하고, ㉤법관이 중립을 지켜 판결을 내리도록 하고 있다.

**4문단** 서양에서는 아스트라이아의 모습을 형상화한 동상에 '정의의 여신상'이라는 이름을 붙여 각 도시의 법원 등에 세웠다. 우리나라 대법원 앞에도 정의의 여신상이 세워져 있지만, 그 모습은 아스트라이아와는 다소 다르다. 서양에 있는 정의의 여신상이 대부분 서 있는 반면, 우리나라의 여신상은 무궁화로 장식된 의자에 앉아 있다. 또한 한복을 입고 있고 오른손에는 오래된 책 모양의 법전을, 왼손에는 저울을 들고 있다. 또한 가장 주목할 만한 점은 우리나라의 여신상은 헝겊으로 눈을 가리지 않았다는 것이다. 눈을 뜬 정의의 여신상을 두고 사람들은 다양한 해석을 내 놓고 있다.

### 이런 뜻이에요

- **관장하는** 일을 맡아서 주관하는.
- **집행하고자** 계획, 재판, 명령 등의 내용을 실제로 행하고자.
- **압력** 어떠한 요구에 따르게 강요하는 힘.
- **사법권** 법에 근거해 사건을 재판하고 법적 조치를 취할 수 있는 국가 권한.

**1** 다음의 ㉮에 들어갈 내용으로 알맞은 것은 무엇인가요? (        )

편견 없이 공정하게 판단하기 위함.

죄의 무게를 재기 위함.

㉮

① 죄를 판가름하기 위함.

② 곧바로 죄인을 처형하기 위함.

③ 사사로운 감정에 휘말리지 않기 위함.

④ 법에 따라 판결한다는 것을 나타내기 위함.

⑤ 정의를 실현하는 데는 강력한 힘이 필요함을 나타내기 위함.

**2** ㉠~㉤ 중 가리키는 대상이 <u>다른</u> 하나는 무엇인가요? (        )

① ㉠        ② ㉡        ③ ㉢        ④ ㉣        ⑤ ㉤

**3** 이 글의 내용으로 맞으면 ○표, 틀리면 ×표 하세요.

⑴ 법관은 공정한 재판을 위해 국회, 정부에 속해 있다.        (        )

⑵ 정의의 여신상의 모습은 나라에 따라 다르게 나타나기도 한다.        (        )

**4** 보기 에서 설명하는 낱말을 이 글에서 찾아 쓰세요.

┌─── 보기 ───┐

어느 한쪽에 치우치지 않고 중간 입장에 섬. 또는 그런 태도.

온라인 대화방
# 돌기둥에 새겨진 법전, 함무라비 법전

**함무라비 왕**

나라를 잘 •통치하려면 법전을 만들어야겠어.

**신하**

위대하신 •바빌로니아의 왕이시여. 말씀만 하세요. 어떤 내용을 법전에 넣으면 좋을까요, 폐하?

**함무라비 왕**

우리의 법전에는 '㉠눈에는 눈, 이에는 이'라는 원칙을 세우도록 하지. '귀족이 귀족의 눈을 멀게 하면 그의 눈도 멀게 한다.'와 같이 말이야.

**신하**

말씀하신 사항은 모든 이에게 동일하게 적용하는 것인가요?

**함무라비 왕**

그럴 수는 없지. '귀족이 평민의 눈을 멀게 하거나 뼈를 부러뜨리면, 은 1미나(약 80g)를 지급한다.'와 같이 신분에 따라 다르게 법을 적용하겠다.

**신하**

네. 알겠습니다. 법전이 완성되면 백성들이 쉽게 찾아 볼 수 있도록 큰 돌기둥에 •새기도록 하겠습니다.

**함무라비 왕**

법전의 가장 첫 번째 •조항은 '남을 살인죄로 고발하고도 그 증거를 제시하지 못한 자는 죽인다.'로 하지. ㉡약자를 보호하는 조항도 잊지 말고 넣도록 해라.

## 이런 뜻이에요

- **통치하려면** 나라, 지역을 맡아서 다스리려면.
- **바빌로니아** 메소포타미아 남동쪽의 고대 문명지.
- **새기도록** 그림이나 글씨 등을 파도록.
- **조항** 법률이나 규정 등의 낱낱의 항목.

**1** 함무라비 왕이 법전을 만든 까닭은 무엇인가요? (          )

① 신하의 요구에 따르기 위해

② 누군가에게 앙갚음하기 위해

③ 이웃 나라와 전쟁을 치르기 위해

④ 나라의 기틀을 다지고 원활히 통치하기 위해

⑤ 자신의 업적을 백성들에게 널리 알리기 위해


**2** 다음 중 ㉠과 비슷한 뜻을 가진 사자성어에 ○표 하세요.

(1) 사필귀정: 모든 일은 반드시 바른길로 돌아감.                    (          )

(2) 권선징악: 착한 일을 권장하고 악한 일을 징계함.                  (          )

(3) 자업자득: 자기가 저지른 일의 결과를 자기가 받음.                (          )


**3** 다음 중 ㉡에 해당하는 조항으로 알맞은 것은 무엇인가요? (          )

① 도둑은 훔친 것의 열 배를 주인에게 보상한다.

② 노예를 도망치도록 도운 사람은 사형에 처한다.

③ 누군가가 다른 사람의 뼈를 부러뜨렸으면, 그의 뼈를 부러뜨린다.

④ 농민의 생활에 필요한 농사용 소는 빚을 갚는 용도로 압수할 수 없다.

⑤ 건축가가 지은 집이 무너져 주인이 죽게 되면 건축가를 사형에 처한다.


**4** 이 대화를 읽고 난 후의 반응으로 알맞지 않은 것은 무엇인가요? (          )

① 법 조항이 간단명료해서 백성들이 이해하기 쉬울 것 같군.

② 함무라비 왕은 범죄자의 처벌에 대해 온건한 입장을 지니고 있군.

③ 신분에 따라 법을 달리 적용하면 공정함을 해치는 것이 아닐까 걱정되는군.

④ 함무라비 법전을 통해 바빌로니아에서 사형제가 실시되었다는 것을 알 수 있군.

⑤ 백성들이 법의 내용을 확인하고 싶다면 법이 새겨진 돌기둥을 찾아가면 되겠군.

# 3주

교과서 문해력과 실생활 문해력을
한번에 키워 보세요.

| 일자 | 오늘의 낱말 | 오늘의 읽을거리 | 스스로 평가 |
|---|---|---|---|
| **1**일 | • 개최<br>• 관리<br>• 기관<br>• 주목 | 교과서 백성들의 삶을 그린 화가<br>실생활 한국의 화가, 이중섭 | 😁 🙂 ☹️ |
| **2**일 | • 안중<br>• 우울<br>• 의아<br>• 충동 | 교과서 어느 날 지름신이 내려왔다<br>실생활 나의 소비 성향은? | 😁 🙂 ☹️ |
| **3**일 | • 극복<br>• 상실<br>• 인정<br>• 증상 | 교과서 가족을 잃었어요<br>실생활 사지 마세요, 입양하세요! | 😁 🙂 ☹️ |
| **4**일 | • 등재<br>• 멸종<br>• 생존<br>• 추정 | 교과서 노란 양탄자의 모든 것<br>실생활 은행나무 열매 처리 작전 | 😁 🙂 ☹️ |
| **5**일 | • 건축<br>• 공존<br>• 작물<br>• 회복 | 교과서 작은 실천이 생태계를 바꾼다<br>실생활 제대로 버려요 | 😁 🙂 ☹️ |

# 1일

## 오늘의 낱말

다음 한자어의 뜻과 음을 살펴보고 예문을 읽어 보세요.

| 開 | 催 |
|---|---|
| 열 개 | 재촉할 최 |

**개최:** 경기, 모임, 행사 등을 주최하여 엶.
- 2028년 하계 올림픽은 LA에서 **개최**된다.
- 매년 10월이 되면 부산은 부산국제영화제 **개최**로 떠들썩하다.

| 管 | 理 |
|---|---|
| 피리 관 | 다스릴 리 |

**관리:** 어떠한 일을 책임지고 맡아서 처리함.
- 우리 가족의 재정 **관리**는 엄마가 한다.
- 백화점에는 주차 **관리**를 해 주는 직원이 있다.

| 機 | 關 |
|---|---|
| 틀 기 | 빗장 관 |

**기관:** 사회에서 일정한 역할을 하거나 목적을 이루기 위해 설치한 조직이나 기구.
- 교육 **기관**은 학생들을 보호할 의무가 있다.
- 우리 지역에 다양한 정부 **기관**이 모여 있는 행정 단지가 만들어졌다.

| 注 | 目 |
|---|---|
| 물댈 주 | 눈 목 |

**주목:** 관심을 가지고 주의 깊게 살핌. 또는 그 시선.
- 영화계는 신인 배우의 연기에 **주목**했다.
- 선생님의 화난 목소리는 학생들의 **주목**을 끌었다.

## 오늘의 퀴즈

빈칸에 들어갈 알맞은 낱말을 보기 에서 골라 쓰세요.

보기

| 개최 | 관리 | 기관 | 주목 |

**1** 은행은 흔히 접할 수 있는 금융 ☐☐ 이다.

**2** 우리 반은 일주일에 한 번 학급 회의를 ☐☐ 한다.

**3** 선거 ☐☐ 위원회는 공정한 투표를 위해 다양한 활동을 한다.

**4** 경찰은 그 사건을 해결할 열쇠가 되는 결정적인 증거에 ☐☐ 했다.

### 미리 쌓는 배경지식

## 중인

- 조선 중기 이후에는 양반, 중인, 상민, 천민으로 신분이 나뉘었다.
- 전문 지식이나 기술을 가진 관리들은 중인에 속하였는데, 환자를 치료하는 의관, 통역을 담당하는 역관, 궁궐에서 그림을 그리던 화가인 화원 등이 이에 해당했다.
- 중인은 관청에서 일할 수 있었으나 오를 수 있는 벼슬에는 한계가 있었다.

미술

# 백성들의 삶을 그린 화가

1문단 "그림 좀 그만 그려라!"

"네, 아버지. 이것까지만 그리고요."

아버지의 ㉠불호령에도 홍도는 끊임없이 그림을 그렸어요. 그런 아들을 보며 아버지는 쯧쯧 혀를 찼지요.

"저렇게 쓸데없이 매일 그림이나 그려서는, 원. 그래도 곧 그만두겠지."

하지만 아버지의 생각과 달리 그림에 재능이 있던 홍도는 당시 뛰어난 화가였던 강세황의 제자가 되었어요. 그리고 스승의 추천을 받아 도화서에 들어가 °화원이 되었어요. 도화서는 궁궐에서 그림 그리는 일을 관리하던 기관이었는데, 나라의 중요한 행사가 개최될 때마다 화원들은 그림을 그려 기록을 남겼어요. 뛰어난 실력을 가진 홍도는 영조 임금과 왕세자였던 정조 임금의 초상화를 그리기도 했어요.

2문단 홍도는 백성들의 삶에 주목해 °풍속화를 그리기도 했어요.

'씨름을 하는 모습을 그려야겠어. 저 °역동적인 움직임을 담고 싶다!'

일반 백성들의 생활 모습은 홍도의 °화폭에 고스란히 담겼어요. 씨름을 하는 남자들, 서당에서 글을 배우는 학생들, 우물가에서 물을 긷는 여인까지……. 풍속화에 담긴 백성들의 표정과 몸짓은 마치 살아 움직이듯 생생했어요. 게다가 백성들을 바라보는 화가의 따스한 시선이 느껴져 모두가 홍도의 그림을 좋아했지요.

3문단 "내가 직접 방문할 수 없으니 자네가 금강산을 화폭에 담아 오게."

홍도는 금강산을 그려 오라는 정조 임금의 명을 받아 여행을 떠나기도 했어요. 초상화, 풍속화뿐만 아니라 산수화에도 뛰어났던 홍도의 그림은 정조 임금을 감동시켰지요. 중인 신분이었던 홍도는 신분의 한계를 딛고 높은 벼슬에까지 올랐어요.

4문단 그러나 홍도는 몇 년 뒤 벼슬을 내려놓았고, 때때로 끼니를 잇지 못할 정도로 가난한 생활을 이어갔어요. 1805년 12월 이후로 홍도의 삶이 어땠는지는 밝혀지지 않았어요. 그저 홍도가 남긴 작품 300여 점만이 남아 있을 뿐이에요. 이것이 우리나라 풍속화의 대가, 김홍도의 생애랍니다.

### 이런 뜻이에요

- **화원** 도화서에서 그림을 그리는 사람을 이르는 말.
- **풍속화** 당시의 풍속을 그린 그림.
- **역동적** 힘차고 활발하게 움직이는 것.
- **화폭** 그림을 그려 놓은 종이나 천.

**1** 이 글의 내용을 다음과 같이 요약했어요. ㉮, ㉯에 들어갈 알맞은 말을 쓰세요.

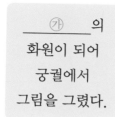

| ㉮ 의 화원이 되어 궁궐에서 그림을 그렸다. | → | 백성들의 삶을 담은 ㉯ 를 그리기도 했다. | → | 중인 신분의 한계를 딛고 높은 벼슬에 올랐다. | → | 벼슬에서 내려온 후 생활이 어려워졌다. |

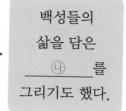

3주
1일

• ㉮ _____    ㉯ _____

**2** 김홍도가 그린 그림으로 알맞지 <u>않은</u> 것은 무엇인가요? (        )

① 영조 임금의 초상화
② 금강산을 그린 산수화
③ 백두산을 그린 산수화
④ 씨름하는 남자들을 그린 풍속화
⑤ 서당에서 글을 배우는 사람들을 그린 풍속화

**3** 이 글과 보기 를 읽고 난 후의 반응으로 알맞지 <u>않은</u> 것은 무엇인가요? (        )

> 보기
>
> 　풍속화로 이름을 떨친 김홍도와 신윤복은 도화서의 화원이었다. 그러나 김홍도는 주로 백성들의 삶을 그렸고, 신윤복은 양반들의 유흥과 남녀 간의 사랑을 그렸다. 김홍도는 배경을 생략하고 무채색을 사용했지만, 신윤복은 배경을 세밀하게 그리고 원색으로 색을 칠했다.

① 화가들은 저마다의 화풍이 있구나.
② 김홍도와 신윤복 모두 사람을 그림에 담았네.
③ 김홍도의 그림에 비해 신윤복의 그림이 더 화려하겠어.
④ 김홍도와 신윤복 모두 실력이 뛰어나 도화서에 들어갔을 거야.
⑤ 배경을 그리지 않고도 이름을 떨친 김홍도의 실력이 더 훌륭해.

**4** 다음 중 ㉠과 바꾸어 쓸 수 있는 낱말이 <u>아닌</u> 것은 무엇인가요? (        )

① 야단    ② 걱정    ③ 타박
④ 꾸지람    ⑤ 큰소리

신문 기사

# 한국의 화가, 이중섭

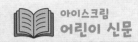

| 문화 |

아이스크림 어린이 신문

(ㄱ)

▲ 이중섭, 「두 아이와 물고기와 게」

한국을 대표하는 화가 이중섭의 작품을 감상할 수 있는 특별전이 개최된다. 이번 전시는 이중섭의 생애를 °조명하며 그가 남긴 다양한 작품을 선보일 예정이다.

이중섭은 1916년 태어나 일제 강점기와 6.25 전쟁을 모두 겪은 한국 근현대 서양 미술의 °거장이다. 그는 일본 유학 시절 서양 미술을 공부하며 예술적 감각을 키웠다. 그는 유학 중 일본인 여성 마사코를 만나 깊은 인연을 맺었으나, 제2차 세계 대전의 °여파로 홀로 조선으로 돌아와야 했다. 이중섭은 마사코에게 수많은 편지와 그림을 보내며 그리움을 표현했고, 마침내 조선으로 건너온 마사코와 결혼 후 두 아이를 두었다.

그러나 이중섭은 곧 6.25 전쟁의 °발발로 인해 가족을 일본으로 보내야만 했다. 그는 가족에 대한 그리움을 간직한 채 가난한 삶을 이어 갔는데, 가난 속에서도 담뱃갑 속 은박지에 그림을 그리기까지 하며 예술혼을 불태웠다. 1955년 첫 서울 개인전을 열었던 이중섭은 그림값조차 제대로 받지 못했고, 건강까지 악화되어 40세의 젊은 나이에 세상을 떠났다.

다음 달 1일 개최되는 전시에서는 가족을 그리워하며 편지에 그린 그림, 물고기와 게, 가족의 단란한 모습을 그린 은박지 그림 등이 전시될 예정이다. 아쉽게도 이번 전시에는 그의 대표작인 「흰 소」는 만나볼 수 없다.

### 이런 뜻이에요

- **조명하며**  어떤 대상을 일정한 관점으로 바라보며.
- **거장**  예술, 과학 등의 어느 일정 분야에서 특히 뛰어난 사람.
- **여파**  어떤 일이 끝난 뒤에 남아 미치는 영향.
- **발발**  전쟁 혹은 큰 사건 등이 갑자기 일어남.

**1**   ㉠에 들어갈 이 신문 기사의 제목으로 알맞은 것은 무엇인가요? (          )

① 이중섭의 편지, 최초 공개

② 이중섭 특별전, 다음 달 1일 개최 예정

③ 소를 즐겨 그린 근대 서양 미술의 개척자, 이중섭

④ 가족에 대한 애정으로 빚어낸 이중섭의 작품 세계

⑤ 이중섭의 「흰 소」, 경매에서 최고가 47억 원에 낙찰

**2**   이중섭에 대한 설명으로 맞으면 ○표, 틀리면 ×표 하세요.

⑴ 이중섭은 동양화를 그린 작가이다.                                    (          )

⑵ 이중섭은 한국인 여성과 결혼했다.                                    (          )

⑶ 이중섭은 일제 강점기 시절 일본으로 유학을 갔다.               (          )

**3**   이중섭의 생애를 순서대로 골라 빈칸에 기호를 쓰세요.

> (가) 1916년 태어났다.
> (나) 일본에서 미술을 공부했다.
> (다) 결혼 후 두 아이를 두었다.
> (라) 서울에서 개인전을 개최했다.
> (마) 40세의 나이로 세상을 떠났다.
> (바) 가족을 일본으로 보내고 그리움과 가난에 시달렸다.

( (가) ) → (          ) → (          ) → (          ) → (          ) → (          )

**4**   이 신문 기사에서 소개한 전시회를 다녀온 사람의 반응으로 알맞지 <u>않은</u> 것은 무엇인가요?
(          )

① 주영: 은박지에 송곳으로 긁어 그림을 그리다니, 기발한 생각이야.

② 수지: 이중섭이 그린 「흰 소」는 우리 민족을 상징하는 것이 아닐까?

③ 민현: 이중섭의 편지에서 아내에 대한 사랑을 느낄 수 있어 감동적이었어.

④ 지후: 이중섭의 삶을 돌아보며 그림을 함께 볼 수 있어서 뜻깊은 전시였어.

⑤ 석훈: 서로 꼭 붙어 있는 가족의 그림을 통해 가족의 소중함을 되새길 수 있었어.

# 2일

## 오늘의 낱말

다음 한자어의 뜻과 음을 살펴보고 예문을 읽어 보세요.

| 眼 | 中 |
|---|---|
| 눈 안 | 가운데 중 |

**안중:** (주로 '안중에' 형태로 부정어와 함께 쓰여) 관심이나 의식의 범위 내.
• 이런 싸구려 옷이 그의 **안중**에 들 리 없다.
• 형은 애초부터 공부는 **안중**에 없는 것 같았다.

| 憂 | 鬱 |
|---|---|
| 근심 우 | 막힐 울 |

**우울:** 걱정 등으로 마음이 답답해 활기가 없음.
• 경기에서 졌다고 **우울**해 하지 마라.
• 그는 요즘 **우울**과 무력함에 빠져 있다.

| 疑 | 訝 |
|---|---|
| 의심할 의 | 맞이할 아 |

**의아:** 의심스럽고 이상함.
• 그녀의 표정에 **의아**와 혼란이 섞여 있었다.
• 나는 **의아**한 마음에 친구에게 질문할 수밖에 없었다.

| 衝 | 動 |
|---|---|
| 찌를 충 | 움직일 동 |

**충동:** 순간적으로 어떤 행동을 하고 싶은 욕구를 느끼게 하는 마음속의 자극.
• **충동**을 억제하다.
• 수영장을 보니 뛰어들고 싶은 **충동**이 든다.

## 오늘의 퀴즈

낱말과 뜻을 알맞게 줄로 이으세요.

안중 ·

우울 ·

의아 ·

충동 ·

· 의심스럽고 이상함.

· 관심이나 의식의 범위 내.

· 걱정 등으로 마음이 답답해 활기 가 없음.

· 순간적으로 어떤 행동을 하고 싶 은 욕구를 느끼게 하는 마음속의 자극.

### 미리 쌓는 배경지식

## 충동구매

- 물건 등을 살 필요나 생각이 없었는데도, 물건을 구경하거나 광고를 보다가 갑자기 사고 싶어져 사는 행위를 말한다.
- 충동구매는 계획에 없는 지출로 이어지므로 비합리적인 소비 습관에 해당한다.
- 최근 '지름신'이라는 신조어도 생겨났는데, 이는 충동구매를 부추기는 가상의 신을 말한다.

# 교과서 문해력

## 사회 어느 날 지름신이 내려왔다

**1문단** "이게 다 뭐야. 너 또 뭐 샀어?"

현관에 늘어선 택배 상자에 정신이 *팔린 오빠는 엄마의 말씀은 안중에도 없어 보였다. 그저 택배 상자를 뜯기 바빴다. 오빠의 덩치만큼이나 커다란 택배 상자에는 조립되지 않은 사무용 의자와 부품이 들어 있었다.

"재택근무를 하다 보니까 의자가 영 불편해서요."

머쓱하게 웃는 오빠의 모습을 지켜보던 엄마가 인상을 찌푸리며 말씀하셨다.

"너 요 며칠째 스피커 바꾸고, 의자 바꾸고, 노트북 *거치대 바꾸고, 책상 서랍 바꾸고. 도대체 이게 뭐 하는 짓이야? 네가 디드로 씨라도 돼?"

**2문단** "디드로 씨? 그 사람이 누군데요?"

나 역시도 궁금해 오빠 옆에 웅크리고 앉아 엄마를 바라보았다. 우리들이 모르는 게 당연하다 생각하셨는지 엄마는 디드로 씨에 관한 이야기를 해 주셨다.

"어느 날, '디드로'라는 프랑스의 철학자가 실내복을 선물 받았어. 그런데 그 옷을 입고 서재에 앉으니까 실내복과 책상이 어울리지 않는 것 같았대. 그래서 책상을 바꾸니까 또 의자가 안 어울리는 것 같아 의자를 바꾸고, 시계를 바꾸고……. 그렇게 서재의 모든 것을 바꿔 버렸대. 그런데 그렇게 모든 것을 바꿔 버리자 우울에 빠져 오래된 물건들을 그리워했다는 거야."

**3문단** "음, 저는 오래된 의자를 그리워하지는 않을 것 같은데요?"

오빠가 의아한 표정으로 말했다. 그러자 엄마는 답답하다는 듯 다시 말씀하셨다.

"㉠새 물건에 맞춰서 그것과 어울리는 새로운 물건을 계속해서 사게 되는 현상을 '디드로 효과'라고 해. 하지만 물건을 충동적으로 샀다간 디드로 씨처럼 후회할 수도 있어. 지금은 새 의자가 좋아 보일 수도 있겠지만 말이야."

그제야 오빠는 아차 싶었는지 고개를 끄덕거렸다.

"알겠어요. 그럼 책상 바꾸는 것은 조금 더 고민해 볼게요."

아무래도 오빠는 책상까지 바꾸려는 *야무진 꿈을 꾸고 있었던 모양인가 보다.

### 이런 뜻이에요

- **팔린** 주의가 집중되어야 할 곳에 두지지 아니하고 다른 데로 돌려진.
- **거치대** 물건을 받쳐 놓는 대.
- **야무진** 사람의 행동이나 생김새 등이 빈틈이 없고 단단한.

**1** 이 글은 무엇에 대해 쓴 글인지 빈칸에 들어갈 알맞은 말을 쓰세요.

> _____란 한 가지 물건을 구입한 후 그 물건과 어울리는 물건을 계속하여 구매하는 현상을 말한다.

**2** 글쓴이의 오빠가 구매하지 <u>않은</u> 것은 무엇인가요? (          )

① 스피커
② 책상 서랍
③ 태블릿 PC
④ 사무용 의자
⑤ 노트북 거치대

**3** 다음 중 ㉠에 대한 설명으로 알맞은 것은 무엇인가요? (          )

① 유행에 따라 상품을 구매하는 현상이다.
② 자신은 남과 다르다는 생각을 하면서 상품을 구매하는 현상이다.
③ 실제로 그 물건이 필요한지 여부와 관계없이 구매가 이어지는 현상이다.
④ 자신의 부를 과시하거나 허영심을 채우기 위해 상품을 구매하는 현상이다.
⑤ 주어진 자원의 범위 내에서 최대의 만족을 얻을 수 있는 상품을 구매하는 현상이다.

**4** 글쓴이의 오빠와 비슷한 상황에 처해 있지 <u>않은</u> 사람은 누구인가요? (          )

① 새 일기장과 어울리는 볼펜을 구입한 하진
② 부엌을 리모델링하면서 새 식기를 구입한 엄마
③ 좋아하는 시리즈의 최근 출간된 책을 구입한 수현
④ 안경을 사러 갔다가 선글라스도 함께 구입한 선민
⑤ 새 티셔츠와 입기 위해 어울리는 청바지를 구입한 인영

실생활 문해력

블로그 게시 글

# 나의 소비 성향은?

블로그 ＋

< > C

내 블로그 | 이웃 블로그 | 블로그 홈 ▼

# 슬기로운 경제 생활

**돼지 저금통**
초등학생들이 꼭
알아야 할 경제 관련
지식을 전합니다.

＋ 이웃 추가

**목록** ▼
- - - - - - - - -
📄 어린이 경제 교육
📄 인터뷰
📄 이벤트

　언제나 용돈이 부족한가요? 무심코 돈을 써 버려서 정작 나에게 필요한 물건을 살 돈은 없다고요? 그렇다면 다음과 같은 비합리적 소비를 하고 있지 않은지 나의 소비 *성향을 점검해 보세요. 아래의 소비 형태에 해당한다면, 저와 함께 *씀씀이에 대한 계획을 세우는 법을 알아봐요.

❶ 충동구매: 문구점에서 본 학용품을 덜컥 산 경험이 있나요? 아직 사용하지 못한 학용품을 많이 가지고 있음에도, 물건을 구경하거나 광고를 보다가 갑작스레 이끌려 물건을 사는 소비 형태예요.

❷ 모방 소비: 친구의 새 옷을 본 후 부모님을 졸라 똑같은 옷을 산 적이 있나요? 나에게 필요한지 여부 및 나에게 어울리는지 여부와는 관계없이 다른 사람을 따라 물건을 사는 소비 형태예요.

❸ 과시 소비: 친구들에게 돈이 많은 것처럼 보이고 싶어 용돈을 다 써 가면서 '내가 사줄게!'라고 외친 적이 있나요? 이처럼 내가 가진 부나 지위를 다른 사람에게 자랑하기 위해 물건을 사는 소비 형태예요.

**이런 뜻이에요**

- **성향** 성질에 따른 경향.
- **씀씀이** 돈이나 물건 혹은 마음 등을 쓰는 형편. 또는 그런 정도나 수량.

**1** 이 블로그 게시 글을 쓴 까닭은 무엇인가요? (          )

① 초등학생의 소비 성향을 조사하기 위해

② 계획적인 소비의 문제점을 알리기 위해

③ 용돈 기입장을 쓰는 것을 장려하기 위해

④ 소비 성향에 따른 물건 구입 유형을 알아보기 위해

⑤ 소비 성향을 파악하고 계획적인 지출을 독려하기 위해

**2** 다음의 소비 성향과 설명을 알맞게 줄로 이으세요.

| 충동구매 | • | | • | 누군가를 따라서 물건을 구입하는 것. |

| 모방 소비 | • | | • | 필요하지 않은 물건을 갑자기 가지고 싶어서 구입하는 것. |

| 과시 소비 | • | | • | 사람들 앞에서 자신의 부와 지위를 보여 주기 위해 구입하는 것. |

**3** 다음 중 비합리적 소비 성향을 가지고 있는 사람은 누구인가요? (          )

① 이번 달 남은 용돈으로 결식아동 후원을 한 민호

② 공책을 사러 문구점에 갔다가 인형을 구입한 문정

③ 축구 교실에서 쓸 축구공이 찢어져서 새로 구입한 하윤

④ 다음 달 캠핑을 가기 위해 이번 달에 용돈을 저축한 도준

⑤ 즐겨 쓰는 펜을 끝까지 사용한 후 똑같은 펜을 구입한 정아

**4** 다음 대화를 읽고 빈칸에 들어갈 소비 성향을 이 글에서 찾아 쓰세요.

하린: 와, 이거 너무 예쁘다. 유명 연예인이 신는 운동화래.

경아: 이미 저번 주에 새로운 신발을 사지 않았어?

하린: 그래도 이 신발을 신으면 나도 연예인처럼 패션 감각이 뛰어나 보일 것 같아.

경아: 너 _____가 너무 심한 것 같아. 조금 더 신중하게 생각해 봐.

# 3주 3일

## 오늘의 낱말

다음 한자어의 뜻과 음을 살펴보고 예문을 읽어 보세요.

| 克 | 服 |
|---|---|
| 이길 극 | 입을 복 |

**극복:** 나쁜 조건이나 힘든 일 등을 이겨 냄.
- 위기 **극복**.
- 나는 언어의 장벽을 **극복**하기 위해 끊임없이 공부했다.

| 喪 | 失 |
|---|---|
| 죽을 상 | 잃을 실 |

**상실:** 어떤 것이 아주 없어지거나 사라짐.
- 그녀는 불의의 사고로 시력을 **상실**했다.
- 드라마의 주인공이 사고로 기억 **상실** 진단을 받았다.

| 認 | 定 |
|---|---|
| 알 인 | 정할 정 |

**인정:** 확실히 그렇다고 여김.
- 그는 마지못해 **인정**했다.
- 그 아이의 성실함은 **인정**할 수 밖에 없다.

| 症 | 狀 |
|---|---|
| 증세 증 | 형상 상 |

**증상:** 병을 앓을 때 나타나는 여러 가지 상태나 모양.
- 어제 종일 돌아다녔더니 감기 **증상**이 나타났다.
- 상한 음식을 먹어서인지 배탈 **증상**이 심각하다.

**오늘의 퀴즈**

괄호 안에 들어갈 알맞은 낱말을 골라 보세요.

　아침에 그만 늦잠을 자 버렸다. 헐레벌떡 공원으로 가니, 친구는 단단히 화가 나 있었다. 친구는 "네가 제시간에 올 리가 없지. 이제 믿음이 ( **상실** / **유실** )됐어!"라고 쏘아붙였다. 그 순간 친구와 사이가 틀어질까 봐 심장이 두근거리고 손발이 떨리는 ( **감정** / **증상** )이 나타났다. 나는 잘못을 ( **인정** / **부정** )하고 친구에게 진심으로 사과했다. 결국, 친구는 내 사과를 받아들였고, 나 역시 이후부터는 시간을 꼭 지킴으로써 문제를 ( **극복** / **돌파** )할 수 있었다.

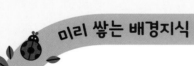 미리 쌓는 배경지식

## 반려동물

- 사람이 정서적으로 의지하며 가까이 두고 기르는 동물이에요.
- 과거에는 '애완동물'이라는 말을 썼지만, 사람과 함께 더불어 살아가는 가족 같은 존재라는 의미에서 '반려동물'로 바꾸어 부르는 사람이 많아졌어요.
- 우리나라에서 가장 많이 키우는 반려동물은 개, 고양이, 물고기예요.

# 가족을 잃었어요

**1문단** 반려동물의 수명은 일반적으로 10~15년을 넘지 않는다. 따라서 반려동물을 키우는 사람의 대부분은 반려동물을 먼저 떠나보내는 경험을 하게 된다. 가족처럼 함께하던 반려동물이 ㉠세상을 떠나면 절반 이상의 사람들이 '펫로스 *증후군'을 겪는다고 한다. '반려동물 상실 증후군'이라고도 불리는 이 증후군은 반려동물을 기르는 인구가 증가하면서 이제는 주변에서 쉽게 볼 수 있는 증상이 되었다. 실제로 반려동물을 ㉡잃으면, 사람들은 가까운 친구나 가족이 ㉢눈감을 때와 비슷한 정도의 슬픔을 느낀다고 알려져 있다.

**2문단** 펫로스 증후군의 증상은 매우 다양하다. 일상생활에 어려움을 겪기도 하고, 우울증과 *불면증 외에도 식욕을 잃거나 스트레스로 인해 소화 불량이 올 수도 있다. 또한 반려동물이 ㉣죽은 것을 자신의 탓으로 여기고 *죄책감을 갖는 사람도 있다. 특히 혼자 사는 1인 가구의 경우 및 반려동물과 지속적이고 특별한 *유대감을 가지고 있었을 경우 이러한 증상이 더 심할 수 있다.

**3문단** 그러므로 늙고 쇠약하거나 아픈 반려동물을 돌보고 있다면 미리 마음의 준비를 하여 다가올 이별을 받아들이는 자세가 필요하다. 반려동물이 떠난 후에도 슬픔이 오랫동안 지속되어 일상생활에 지장을 초래한다면, 전문가와 상담을 하거나 약물 치료를 받는 것이 좋다. 펫로스 증후군을 극복하기 위해서는 더 이상 반려동물이 곁에 ㉤없다는 사실을 인정하는 것이 중요하다. 비슷한 경험을 한 사람이나 가까운 사람들과 슬픈 감정을 나누는 것도 좋은 방법이다. 반려동물이 사용하던 밥그릇, 침대, 담요 등의 물건을 서서히 정리하며 추억을 되새기고, 반려동물의 죽음을 슬퍼하는 시간을 충분히 가지는 것도 펫로스 증후군 극복에 큰 도움이 된다. 슬픔을 달래기 위해 *성급하게 새로운 반려동물을 입양하기보다는, 먼저 충분히 치유의 시간을 갖는 것이 필요하다.

### 이런 뜻이에요

- **증후군** 직접적인 원인이 명확하지 않은 채 나타나는 여러 가지 병적인 증세.
- **불면증** 밤에 잠을 자지 못하는 증상.
- **죄책감** 저지른 잘못에 대해 책임을 느끼는 마음.
- **유대감** 서로 밀접하게 연결되어 있는 공통된 느낌.
- **성급하게** 성질이 급하게.

**1** 이 글의 내용으로 알맞은 것은 무엇인가요? (           )

① 펫로스 증후군은 누구에게나 동일한 형태로 찾아온다.

② 반려동물을 키우는 사람이라면 모두가 펫로스 증후군을 겪는다.

③ 펫로스 증후군을 극복하기 위해 새로운 반려동물을 입양해야 한다.

④ 아픈 반려동물을 키우고 있는 사람은 전문가에게 상담을 받아야 한다.

⑤ 반려동물이 죽었다는 사실을 인정하면 펫로스 증후군이 완화될 수 있다.


**2** 펫로스 증후군에 따른 증상으로 알맞지 <u>않은</u> 것은 무엇인가요? (           )

① 불면증

② 우울증

③ 소화 불량

④ 식욕 부진

⑤ 기립성 저혈압


**3** 이 글에 새로운 4문단을 덧붙이려고 해요. 4문단에 들어갈 내용을 알맞게 말한 사람은 누구인가요? (           )

① 하경: 우리나라의 반려동물 관련 산업을 소개해야겠어.

② 현구: 키우던 반려동물을 복제하는 방법을 안내해야겠어.

③ 민선: 반려동물을 올바르게 보살피는 방법을 안내해야겠어.

④ 범준: 반려동물이 우리에게 주는 긍정적 영향을 추가해야겠어.

⑤ 재민: 펫로스 증후군을 겪는 이를 바라보는 주변인의 대처법도 알려주어야겠어.


**4** ㉠~㉤ 중 의미가 <u>다른</u> 것은 무엇인가요? (           )

① ㉠          ② ㉡          ③ ㉢          ④ ㉣          ⑤ ㉤

SNS

# 사지 마세요, 입양하세요!

### (가)

인주시동물보호소 '쫑이'를 소개합니다.

* 20○○년생 *추정, 수컷, 7kg
* 발견 장소: 인주대공원 앞 사거리
* *중성화 수술 여부: 완료

쫑이는 사료도 잘 먹고 보호소의 다른 강아지와도 활발하게 어울리고 있어요. 발견 당시 교통사고를 당해 ㉠경미한 골절이 있었지만, 지금은 치료를 완료하여 훨씬 건강해졌어요. 더불어 중성화 수술도 마쳤답니다. '쫑이'의 입양 문의는 전화로 받아요. 반려동물 등록제 시행에 따라 입양 후에는 30일 내에 반려동물 등록을 완료해야 합니다.

7일 전

### (나)

벼루와쫑이 3년 전, 동물 보호소에 있던 고양이, '벼루'를 데려오면서 유기 동물에 관심을 가지게 되었어요. 그리고 혹시나 강아지를 키우게 된다면 그때도 꼭 *유기견을 데려오겠다고 마음먹었지요. 이제 저희에게 '쫑이'라는 새 가족이 생겼어요. 쫑이를 데려오며 반려동물 등록도 완료했답니다. 벼루와 쫑이의 종이 달라서 *합사에 어려움을 겪을까 봐 걱정했지만, 다행히 벼루가 금방 마음을 열었네요. 1년간 발생하는 유기 동물이 11만 마리가 넘는다고 해요. 부디 버려지는 동물에게 따뜻한 손길을 내밀어 주세요.

30분 전

## 이런 뜻이에요

* **추정** 미루어 생각해 정하고 판단함.
* **중성화 수술** 동물의 번식을 방지하기 위해 하는 수술.
* **유기견** 키우다가 내다 버린 개.
* **합사** 가축이나 동물을 먹이고 기르는 곳을 합침.

**1** (가)에서 알 수 있는 인주시동물보호소의 역할로 알맞지 <u>않은</u> 것은 무엇인가요? (        )

① 유기 동물을 치료한다.

② 유기 동물의 입양을 돕는다.

③ 유기 동물을 위한 모금을 진행한다.

④ 유기 동물의 중성화 수술을 돕는다.

⑤ 유기 동물에 대한 광고를 진행한다.

**2** 이 글과 다음 그래프를 보고 난 후의 반응으로 맞으면 ○표, 틀리면 ×표 하세요.

### 7년 간 국내 유기 동물 발생 현황

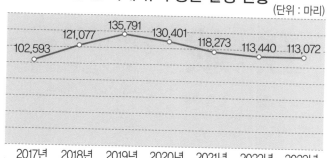

(단위 : 마리)

102,593  121,077  135,791  130,401  118,273  113,440  113,072

2017년  2018년  2019년  2020년  2021년  2022년  2023년

⑴ 반려동물 등록제 시행과 유기 동물 발생 추이가 관계가 있는지 알아봐야겠군.

(        )

⑵ 최근 유기 동물이 줄어드는 추세이니 동물 보호소에 대한 정부 지원을 없애도 되겠군.

(        )

⑶ 유기 동물이 다시 줄어드는 추세인 것을 보니 동물에 대한 인식이 많이 개선된 듯하군.

(        )

**3** (나)의 글쓴이에 대한 설명으로 알맞지 <u>않은</u> 것은 무엇인가요? (        )

① 3년 전 유기묘를 입양했다.

② 이전에도 강아지를 기른 적이 있다.

③ 고양이와 개의 합사에 대해서 걱정했다.

④ 평소 유기 동물에 대해 관심을 가지고 있다.

⑤ 개를 키운다면 유기견을 데려오겠다는 생각을 갖고 있었다.

**4** 다음 중 ㉠과 바꾸어 쓸 수 있는 낱말이 <u>아닌</u> 것은 무엇인가요? (        )

① 작은    ② 약한    ③ 사소한    ④ 적당한    ⑤ 가벼운

# 4일

## 오늘의 낱말

다음 한자어의 뜻과 음을 살펴보고 예문을 읽어 보세요.

| 登 | 載 |
|---|---|
| 오를 등 | 실을 재 |

**등재:** 일정한 사항을 장부나 대장에 올림.
- 사망 사실을 호적에 **등재**하다.
- 그는 신기한 재주로 기네스북에 **등재**됐다.

| 滅 | 種 |
|---|---|
| 멸망할 멸 | 씨 종 |

**멸종:** 생물의 한 종류가 지구에서 완전히 없어짐.
- **멸종** 위기에 처한 야생 동물.
- 약 6500만 년 전, 공룡을 포함한 많은 종이 **멸종**되었다.

| 生 | 存 |
|---|---|
| 날 생 | 있을 존 |

**생존:** 살아남음. 또는 살아 있음.
- 가난한 이들에게는 먹고사는 **생존**의 문제가 중요하다.
- 지나친 도시 개발로 인해 동식물의 **생존**이 위협을 받고 있다.

| 推 | 定 |
|---|---|
| 옮길 추 | 정할 정 |

**추정:** 미루어 생각하여 판정함.
- 우리는 선생님의 연세를 50대라고 **추정**했다.
- 동굴 벽에 그려진 이 그림은 600년 전에 그려진 것으로 **추정**되고 있다.

## 오늘의 퀴즈

빈칸에 들어갈 알맞은 낱말을 보기 에서 골라 쓰세요.

보기

| 등재 | 멸종 | 생존 | 추정 |

1 환경 오염은 인간의 ☐☐ 을 위협한다.

2 유네스코 세계 유산으로 ☐☐ 신청을 하다.

3 공룡으로 ☐☐ 되는 거대한 동물의 화석이 발견되었다.

4 ☐☐ 위기에 처한 동물을 보호하는 것이 그 단체의 역할 중 하나이다.

## 미리 쌓는 배경지식

## 천연기념물

- 자연 가운데 매우 특수하고 중요해 법으로 정해 보호하는 동물, 식물, 지질·지형을 말한다.
- 은행나무, 진돗개, 고수동굴 등 다양한 자연물이 천연기념물로 지정되어 있다.
- 독도 역시 천연기념물로 지정되어 있는데, 다양한 해양 생물 및 지질 등에서 학술적 가치가 크기 때문이다.

과학

# 노란 양탄자의 모든 것

설명하는 글

**1문단** 가을이 되면 노랗게 물들어 예쁜 풍경을 *자아내면서도 지독한 냄새로 존재감을 뽐내는 나무가 있다. 바로 은행나무이다. 이 나무는 빙하기를 겪었음에도 생존해 '살아 있는 화석'이라고도 불린다. 우리나라에서는 주로 가로수로 쓰여 쉽게 볼 수 있는 나무이지만, 의외로 은행나무는 멸종 위기종으로 등재되기도 했다. 왜냐하면 은행나무는 사람의 도움 없이 야생에서 *자생하는 개체가 아주 적기 때문이다. 다행히 은행나무는 *병충해에 강하고 공기가 맑지 않은 도심에서도 잘 자라는 편이라 키우는 데 큰 어려움이 따르진 않는다. 게다가 화재에도 강한 편이라 불이 번지는 것을 막기 위해 심는 방화수로도 많이 쓰인다.

**2문단** 우리나라에는 천연기념물로 지정된 은행나무도 있다. 경기도 양평 용문사 은행나무는 나이가 약 1,100살 정도로 추정된다. 이 나무는 조선 세종 때 '당상관'이라는 벼슬까지 받은 것으로 유명하다. 충청남도 괴산 읍내리 은행나무는 고려 성종 때 심은 것으로, 약 1,000살 가까이 되었을 것으로 추정된다.

**3문단** 은행나무는 가을의 *정취를 느끼게 해 주지만, 열매에서 나는 냄새는 악취에 가깝다. 은행나무에는 성별이 있어 암나무와 수나무로 나눌 수 있는데, 암나무에서만 열매가 열린다. 은행나무의 암수 구별은 10년 이상 길러야 알 수 있었으나 최근에는 DNA 분석을 통해 은행나무의 성별을 구별할 수 있게 되었다. 그리하여 오늘날 가로수로 은행나무를 심을 때면 수나무를 심음으로써 악취 문제를 해결한다.

**4문단** 은행나무는 30년이 지나야 열매를 맺는다. 은행은 예로부터 *천식과 기침 등을 예방하는 효과가 있다고 하였다. ㉠하지만 은행이 몸에 좋다고 생각하여 무작정 먹다가는 오히려 해를 입을 수 있다. 은행은 *독성이 있기 때문에 성인은 하루에 10알, 어린이는 2~3알 정도만 섭취해야 한다. 또한 은행을 맨손으로 만지면 가려움 등이 일어날 수 있으므로 은행을 채취할 때는 장갑을 착용하는 것이 좋다.

## 이런 뜻이에요

- **자아내면서도** 어떤 생각, 느낌, 감정 등이 저절로 나오거나 생기도록 일으켜 내면서도.
- **자생하는** 저절로 나서 자라는.
- **병충해** 농작물이 병과 해충으로 인하여 입은 피해.
- **정취** 어떤 사물이나 장소가 불러일으키는 감정이나 기분, 분위기.
- **천식** 기관지에 경련이 일어나 기침이 나고 숨이 가쁘며 가래가 많이 생기는 병.
- **독성** 독이 있는 성분.

**1** 각 문단과 중심 문장을 알맞게 줄로 이으세요.

3주
4일

| 1문단 · | · 은행나무의 열매에는 독성이 있다. |
| 2문단 · | · 천연기념물로 지정된 은행나무가 있다. |
| 3문단 · | · 은행나무는 멸종 위기종이지만 키우기 어렵지 않은 식물이다. |
| 4문단 · | · 은행나무는 성별이 있으며, 열매의 악취 때문에 최근에는 수나무를 주로 심는다. |

**2** 이 글의 내용으로 알맞은 것은 무엇인가요? (          )

① 은행나무는 30년에 한 번씩 열매를 맺는다.
② 은행나무의 열매는 천식과 기침 예방에 효과가 있다.
③ 은행나무의 성별은 DNA 분석을 통해서만 알 수 있다.
④ 은행나무는 구하기 쉽고 불이 잘 붙어 땔감으로 쓰인다.
⑤ 은행나무는 병충해에 취약하여 야생에서 자생하기 어렵다.

**3** 이 글과 보기 를 읽고 난 후의 반응으로 알맞은 것에 ○표 하세요.

> 보기
>
> 조선 시대 '당상관'은 정3품 이상의 높은 벼슬아치를 이르는 말로, 이들은 국가의 정책 결정에 참여하는 등 중요한 역할을 맡았다.

(1) 당상관들은 은행나무 아래에서 나라의 중요한 일을 결정했겠군.          (        )

(2) 당상관이라는 높은 벼슬을 내릴 정도로 은행나무를 소중히 여겼겠군.          (        )

**4** 다음 중 ㉠과 가장 어울리는 속담에 ○표 하세요.

| 다 된 밥에 재 뿌리기 | 믿는 도끼에 발등 찍힌다 | 입에 쓴 약이 병에는 좋다 |

인 터 넷 게 시 글

# 은행나무 열매 처리 작전

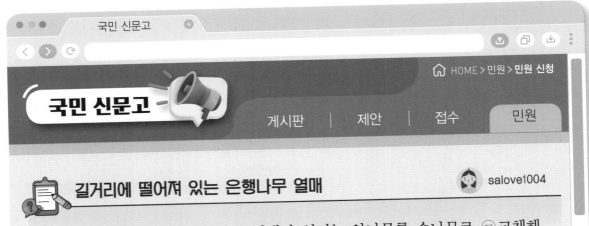

국민 신문고

HOME > 민원 > **민원 신청**

게시판 | 제안 | 접수 | 민원

## 길거리에 떨어져 있는 은행나무 열매

salove1004

안녕하세요. 이전에 은행나무 열매가 열리는 암나무를 수나무로 ㉠교체해 달라는 글을 올렸던 사람입니다. 이에 대해 은행나무 한 그루당 약 100만 원의 ㉡비용이 들어 이미 가로수로 심은 나무 모두를 수나무로 교체하는 것은 어렵다는 답변을 받았습니다.

다른 ㉢방안은 없는지 행정 복지 센터에 찾아가 문의했더니, 은행나무의 열매가 익어서 °고약한 냄새가 나기 전에 전문 업체가 미리 ㉣수거 작업을 진행하고 있다는 담당 공무원의 말씀을 들었습니다. 하지만 이러한 조치를 취하고 있음에도 아직 길거리에는 푹 익은 은행이 많이 떨어져 있습니다.

그렇다면 시민들에게 은행을 주워도 괜찮다는 것을 널리 알리는 °캠페인을 진행하면 어떨까요? 이와 관련해 법령을 찾아보니 은행나무에 사람이 올라가서 직접 열매를 ㉤채취하거나 가지를 흔들거나 꺾으면 처벌을 받게 되지만, 자연적으로 떨어진 은행을 줍는 것은 문제가 없습니다. 이러한 내용과 더불어 매년마다 정부에서는 길거리에 떨어진 은행 열매가 안전한지 검사를 하는데, 이제까지 문제가 된 적이 없었다는 사실을 알리면 좋겠습니다. 그러면 은행이 필요한 사람들이 안심하고 주워갈 것 같습니다.

저의 제안을 고려해 주시면 감사하겠습니다.

## 이런 뜻이에요

- **고약한** 냄새나 맛 등이 매우 좋지 않거나 역한.
- **캠페인** 사회·정치적 목적 등을 위하여 조직적이고도 지속적으로 행하는 운동.

**1** 글쓴이가 글을 쓴 까닭은 무엇인가요? (          )

① 정부의 새로운 정책을 반대하기 위해

② 복잡한 행정 절차에 대해 문의하기 위해

③ 공무원의 불친절한 태도를 신고하기 위해

④ 길거리 환경에 대한 불만을 제기하기 위해

⑤ 생활에서 발생하는 불편 사항을 해결하기 위해

**2** 글쓴이에 대한 설명으로 알맞지 <u>않은</u> 것은 무엇인가요? (          )

① 이전에도 게시판에 글을 쓴 적이 있다.

② 자신의 주장을 구체적으로 이야기하고 있다.

③ 은행나무 열매와 관련된 법령을 찾아보기도 했다.

④ 은행나무 열매를 미리 수거하는 작업을 진행하기도 했다.

⑤ 행정 복지 센터에 방문해 담당자와 이야기를 나누기도 했다.

**3** 이 게시 글에서 확인할 수 있는 내용이 <u>아닌</u> 것은 무엇인가요? (          )

① 은행나무 열매의 맛

② 은행나무 열매가 풍기는 냄새

③ 은행나무 한 그루의 교체 비용

④ 은행나무 열매의 안전 검사 결과

⑤ 은행나무 열매를 줍는 행동의 처벌 여부

**4** ㉠~㉤과 바꾸어 쓸 수 있는 낱말로 알맞지 <u>않은</u> 것은 무엇인가요? (          )

① ㉠ 교체해 – 바꾸어

② ㉡ 비용 – 돈

③ ㉢ 방안 – 대책

④ ㉣ 수거 – 청소

⑤ ㉤ 채취하거나 – 따거나

## 오늘의 낱말

다음 한자어의 뜻과 음을 살펴보고 예문을 읽어 보세요.

| 建 | 築 |
|---|---|
| 세울 건 | 쌓을 축 |

**건축:** 건물이나 집, 다리 등을 설계해 흙이나 나무, 돌, 벽돌, 쇠 등을 써서 세우거나 쌓아 만드는 일.

• 할머니는 직접 **건축**한 주택에 살고 계신다.
• 주변에 아파트 **건축** 현장이 있어 시끄럽다.

| 共 | 存 |
|---|---|
| 함께 공 | 있을 존 |

**공존:** 서로 도우면서 함께 존재함.

• 자연과 인간의 **공존**.
• 붙어 있는 두 나라는 서로 **공존**하며 나란히 발전하였다.

| 作 | 物 |
|---|---|
| 지을 작 | 만물 물 |

**작물:** 논밭에 심어 가꾸는 곡식이나 채소.

• 이 지역의 주요 **작물**은 고추이다.
• 갑자기 쏟아진 우박으로 상추나 배추 등 **작물**의 피해가 많다.

| 回 | 復 |
|---|---|
| 돌아올 회 | 돌아올 복 |

**회복:** 원래의 상태로 돌이키거나 원래의 상태를 되찾음.

• 재판에서 승소하여 명예 **회복**을 할 수 있었다.
• 경기가 **회복**되면서 사람들의 지갑도 열리기 시작했다.

## 오늘의 퀴즈

오늘 배운 낱말을 떠올리며 밑줄 친 부분을 바르게 고쳐 쓰세요.

예시

미술 준비물을 놓고 와서 집으로 다시 돌아가요.

| 놓 | 고 |
|---|---|

3주
5일

1 <u>장물</u>을 수확하다.

| | |
|---|---|

2 인간은 자연과 조화를 이루면서 <u>옹존</u>하고 있다.

| | |
|---|---|

3 이 건물은 <u>건측</u>된 지 100년이 넘었지만 아직 튼튼하다.

| | |
|---|---|

4 자연환경은 한번 파괴되면 <u>홰복</u>하기까지 오랜 시간이 걸린다.

| | |
|---|---|

### 미리 쌓는 배경지식

## 기후 변화

- 지구의 기후가 자연적인 요인과 인위적인 요인으로 인해 변화하는 것을 말한다.
- 최근 지구의 기온이 올라감에 따라 기후가 변화하며 폭염이나 폭우가 발생하거나, 평소 눈이 내리지 않던 지역에 눈이 내리는 등의 이상 현상이 나타나고 있다.
- 기후 변화는 인간을 포함해 생태계 전체에 큰 영향을 미친다.

# 작은 실천이 생태계를 바꾼다

과학

**1문단** 최근 기후 변화에 따른 이상 기후 및 인간의 활동으로 인한 생태계 파괴가 점점 더 심각해지고 있다. 작물을 기르는 데 도움을 주는 꿀벌의 수가 급격하게 감소하고, 바닷물의 온도가 올라가면서 수많은 해양 생물이 멸종되고 있다. 게다가 무분별한 개발로 인해 동물들의 터전이 사라지고 있다. 죽은 향유고래의 뱃속에 플라스틱 컵이 100개 넘게 들어 있었다는 뉴스 기사만 보아도 생태계 파괴의 <sup>•</sup>주범이 누구인지는 어렵지 않게 알 수 있다.

**2문단** 생태계 파괴는 단순히 동식물만의 문제가 아니다. 피해는 인간에게로 고스란히 이어진다. 이상 기후로 가뭄과 폭우가 이어지는 바람에 많은 농작물이 제대로 자라지 못해 과일 및 채소의 가격이 <sup>•</sup>폭등한다. <sup>•</sup>먹이 사슬 체계가 무너지면서 인간에게 유익한 곤충은 적어지고 해충이 늘어난다. 자연은 한번 파괴되면 원래대로 회복하기까지 오랜 시간이 걸리기 때문에 이와 같은 피해는 장기간에 걸쳐 나타난다.

**3문단** 하지만 생태계를 보호하기 위해 개발을 무조건 막을 수만은 없다. 따라서 자연과 인간이 공존할 수 있는 방법을 찾는 것이 중요하다. 예를 들어, 생태계를 보호해야 하는 곳을 자연 보호 지역이나 국립 공원으로 지정한다. 또한 도시 주변의 토지를 개발 제한 구역으로 지정해 무분별한 도시 개발을 막는 방법이 있다. 산을 깎아 도로를 건축할 때에는 야생 동물이 다닐 수 있도록 생태 통로를 만들거나 야생 동물 주의 표지판 등을 세우는 방법도 있다.

**4문단** 일상생활에서 생태계를 보호하기 위해 개인이 실천할 수 있는 방법도 있다. 일회용품 대신 개인 컵과 같은 다회용품을 사용하고, 분리수거를 철저히 한다. 에너지 소비를 줄이기 위해 전기나 물을 절약한다. 더운 여름에는 에어컨 사용량을 줄인다. 나무로 만드는 휴지와 종이 등의 소비를 줄이기 위해 손수건과 이면지를 사용한다. 쓰레기 줍기와 같은 자원봉사 활동에 참여하는 것도 하나의 방법이다.

**이런 뜻이에요**

- **주범** 어떤 일에 대해 안 좋은 결과를 만드는 주된 원인.
- **폭등한다** 물건의 값 혹은 주가 등이 갑자기 크게 오른다.
- **먹이 사슬** 생태계에서 먹이를 중심으로 이어진 생물 간의 관계.

**1** 이 글에서 찾아볼 수 있는 글쓰기 전략으로 알맞은 것은 무엇인가요? (          )

① 전문가의 말을 인용하여 설명하고 있다.

② 두 가지 비슷한 사례를 비교하면서 설명하고 있다.

③ 구체적인 예를 들어 관련 내용에 대한 이해를 돕고 있다.

④ 찬성과 반대로 의견을 나누어 각각의 주장을 소개하고 있다.

⑤ 대상의 변화 과정을 살펴본 뒤 미래의 변화 방향을 예측하고 있다.

**3주 5일**

**2** 이 글을 읽고, <u>틀린</u> 내용을 바르게 고쳐 쓰세요.

⑴ 생태계 파괴로 꿀벌의 수가 ~~증가한다~~.

⑵ 생태계 파괴로 ~~익충~~이 늘어나며 인간에게 피해를 준다.

⑶ 바닷물의 온도가 ~~내려가면서~~ 해양 생물들이 멸종하고 있다.

**3** 개발 제한 구역을 지정하는 까닭으로 알맞지 <u>않은</u> 것은 무엇인가요? (          )

① 도시의 무질서한 확산을 방지한다.

② 토지의 경제적 가치를 극대화한다.

③ 동물의 서식지를 보호해 생태계를 보호한다.

④ 하천과 수원지를 보호하여 수질 오염을 방지한다.

⑤ 도시 주변의 자연환경을 보호해 사람들에게 쾌적한 환경을 제공한다.

**4** 이 글과 〔보기〕를 읽고 난 후의 반응으로 알맞지 <u>않은</u> 것은 무엇인가요? (          )

〔보기〕

'제로 웨이스트'란 일회용품 사용을 줄이거나 재활용해 쓰레기 배출을 최소화하는 것이다. 제로 웨이스트를 실천하면 환경을 보호하고 자원의 낭비도 줄일 수 있다.

① 플라스틱 사용을 줄이기 위해 리필용 제품을 구입해야겠군.

② 종이컵 사용을 줄이기 위해 다회용 컵을 여러 개 구매해야겠군.

③ 비닐 사용을 줄이기 위해 장을 볼 때 장바구니를 들고 가야겠군.

④ 일회용품 사용을 줄이기 위해 배달 주문 시 일회용 수저, 포크를 거절해야겠군.

⑤ 환경을 보호하기 위해 자연적으로 분해되는 천연 수세미를 사용해 설거지를 해야겠군.

인터넷 게시 글

# 제대로 버려요

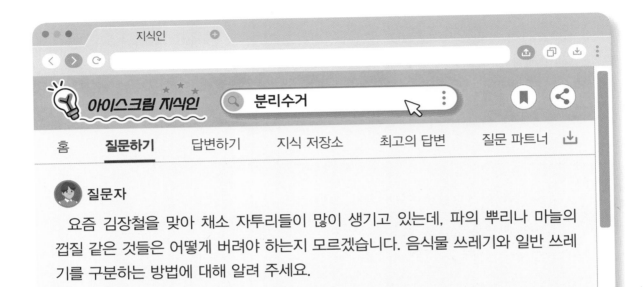

지식인

분리수거

아이스크림 지식인

홈    **질문하기**    답변하기    지식 저장소    최고의 답변    질문 파트너

**질문자**

요즘 김장철을 맞아 채소 자투리들이 많이 생기고 있는데, 파의 뿌리나 마늘의 껍질 같은 것들은 어떻게 버려야 하는지 모르겠습니다. 음식물 쓰레기와 일반 쓰레기를 구분하는 방법에 대해 알려 주세요.

**답변자**

음식물 쓰레기는 가공을 거친 후 °퇴비나 가축의 사료로 활용되기 때문에, 동물이 먹을 수 있는지 여부로 음식물 쓰레기와 일반 쓰레기를 구분하면 됩니다. 예를 들어 딱딱한 껍데기나 씨앗은 동물이 먹을 수 없으니 음식물 쓰레기가 아니겠지요. 채소의 마른 껍질과 뿌리, 단단한 꼭지 부분 등도 음식물 쓰레기가 아닙니다. 그러므로 종량제 봉투에 담아 일반 쓰레기로 배출하면 됩니다. 또한, 흙과 °이물질이 많이 묻어 있는 배추 겉잎 등도 일반 쓰레기로 버려야 합니다.

절임 배추와 무, °젓갈류는 물기와 소금기를 최대한 제거한 후 음식물 쓰레기로 버리면 됩니다. 지역에 따라 김장 쓰레기 전용 봉투에 담아 버려야 하는 곳도 있으니 가까운 행정 복지 센터에 문의해 보는 것이 좋습니다.

이외에도 먹다 남은 치킨 뼈와 생선 가시 등은 동물의 사료로 사용하기에 적합하지 않습니다. 그러므로 음식물은 최대한 분리하여 음식물 쓰레기로 버리고, 뼈와 가시는 일반 쓰레기로 버리세요. 참고로 달걀 껍데기도 일반 쓰레기로 버려야 한답니다.

**이런 뜻이에요**

- **퇴비**  풀, 짚 또는 가축의 배설물 등을 썩힌 거름.
- **이물질**  정상적이지 않은 다른 물질.
- **젓갈류**  새우, 조기, 멸치 등의 생선이나 조개 등을 소금에 짜게 절이어 삭힌 음식의 종류.

**1** 다음 중 음식물 쓰레기는 '음', 일반 쓰레기는 '일'이라고 쓰세요.

(1) 파 뿌리                                            (　　　)

(2) 배추 겉잎                                        (　　　)

(3) 절임 배추                                        (　　　)

(4) 달걀 껍데기                                    (　　　)

**2** 다음 중 쓰레기를 올바르게 배출한 사람은 누구인가요? (　　　)

① 남은 치킨을 일반 쓰레기로 버린 서진

② 마늘 껍질을 음식물 쓰레기로 버린 유미

③ 복숭아 씨앗을 일반 쓰레기로 버린 아라

④ 게 껍데기를 음식물 쓰레기로 버린 승헌

⑤ 새우젓을 한번 헹군 후 일반 쓰레기로 버린 소하

**3** 이 글을 읽은 후의 반응으로 사자성어를 <u>잘못</u> 쓴 것은 무엇인가요? (　　　)

① 이렇게 시간을 내어 길게 답변을 달아 주다니 '각골난망'이로군.

② 구분 방법을 확실히 알았으니 쓰레기를 버리는 것이 '일사천리'겠군.

③ 음식물 쓰레기와 일반 쓰레기를 정확히 분리하며 '솔선수범'해야겠군.

④ 질문했던 내용뿐만 아니라 다른 내용까지 알게 되니 '과유불급'이로군.

⑤ 올바른 분리수거는 환경도 보호하고 동물의 먹이도 되니 '일거양득'이로군.

**4** 다음 중 나머지와 성격이 <u>다른</u> 것에 ○표 하세요.

| 껍질 | 씨앗 | 뼈다귀 | 껍데기 |

# 4주

교과서 문해력과 실생활 문해력을
한번에 키워 보세요.

| 일자 | 오늘의 낱말 | 오늘의 읽을거리 | 스스로 평가 |
|---|---|---|---|
| **1**일 | • 만족<br>• 수준<br>• 한계<br>• 효용 | 교과서 뷔페에서 생긴 일<br>실생활 뷔페, 이것만은 지켜요 |  |
| **2**일 | • 대용<br>• 분양<br>• 만개<br>• 순환 | 교과서 버릴 것이 하나도 없는 채소<br>실생활 주말에는 농사를 지어요 | |
| **3**일 | • 대립<br>• 별개<br>• 처벌<br>• 침해 | 교과서 구하지 않으면 벌을 받는다고요?<br>실생활 누군가 하겠지? | |
| **4**일 | • 명창<br>• 우아<br>• 추구<br>• 후원 | 교과서 우아한 예술, 판소리<br>실생활 전통을 지키는 사람들 | |
| **5**일 | • 거부<br>• 미덕<br>• 악화<br>• 압박 | 교과서 안 먹어도 문제, 많이 먹어도 문제<br>실생활 학교에서 알립니다 | |

# 1일

## 오늘의 낱말

다음 한자어의 뜻과 음을 살펴보고 예문을 읽어 보세요.

| 滿 | 足 |
|---|---|
| 찰 만 | 발 족 |

**만족:** 마음에 흡족함.
- 많은 기업이 고객 **만족**을 위해 힘쓴다.
- 이번에 새로 산 스마트폰이 이전 것보다 훨씬 **만족**스럽다.

| 水 | 準 |
|---|---|
| 물 수 | 법도 준 |

**수준:** 사물의 가치나 질 등의 기준이 되는 일정한 표준이나 정도.
- **수준** 높은 예술 작품.
- 이 학원은 학력 **수준**이 높은 편이라 상위권 학생들이 다니기에 알맞다.

| 限 | 界 |
|---|---|
| 한계 한 | 경계 계 |

**한계:** 어떤 것이 실제로 일어나거나 영향을 끼칠 수 있는 범위. 또는 그러한 범위를 나타내는 선.
- 그 일은 인간의 **한계**를 시험하는 듯했다.
- 장영실은 신분의 **한계**를 극복하고 버슬에 올랐다.

| 效 | 用 |
|---|---|
| 본받을 효 | 쓸 용 |

**효용:** 보람 있게 쓰거나 쓰임. 또는 그런 보람이나 쓰임.
- 여러 **효용**을 가진 쇠붙이.
- 이 약은 만병에 **효용**이 있는 약이다.

## 오늘의 퀴즈

빈칸에 들어갈 알맞은 낱말을 보기 에서 골라 쓰세요.

보기

| 만족 | 수준 | 한계 | 효용 |

**1** 나는 다른 사람을 도와주는 것에서 큰 ☐☐ 을 얻는다.

**2** 이 비료는 정원을 관리하는 데 있어 ☐☐ 이 뛰어나다.

**3** 우리 미술관은 ☐☐ 높은 예술 작품을 소장하고 있습니다.

**4** 학생들이 계속 떠들자 선생님의 인내심이 ☐☐ 에 다다랐다.

### 미리 쌓는 배경지식

## 뷔페

- 여러 음식을 차려 놓고 손님이 스스로 선택해 덜어 먹을 수 있도록 한 식당으로, 많은 사람들이 모여 식사를 해야 하는 결혼식장 혹은 호텔 등에서 흔히 볼 수 있다.
- 오늘날 뷔페의 형태는 18세기 프랑스에서부터 시작되었는데, 우리나라에서는 '샐러드 바'라고도 부른다.

교과서 문해력

사회

# 뷔페에서 생긴 일

**1문단** 일정 금액을 내면 마음대로 음식을 먹을 수 있는 뷔페에 갈 때면, '좋아하는 음식을 많이 먹고 와야지.' 혹은 '비싼 만큼 돈 아깝지 않게 많이 먹을 거야.'와 같이 ㉠결심하고는 한다. 하지만 다짐했던 것과는 달리 예상보다 음식을 적게 먹고 나오는 경우가 대부분이다. 이는 배가 적당히 부른 뒤에는 음식에 대한 만족감이 ㉡감소하기 때문이다. 접시에 음식을 덜어 와 먹으면 먹을수록 만족감이 줄어드는 것처럼, *재화 혹은 서비스를 다시 이용할 때마다 만족감이 줄어드는 것을 '한계 효용 *체감의 법칙'이라고 한다.

**2문단** 한계 효용이란 재화 혹은 서비스를 이용할 때 ㉢획득되는 만족감을 말한다. 명품 가방처럼 원하는 사람이 많아 가지기 어려운 물건은 한계 효용이 높으며, 사은품으로 받는 천 가방처럼 ㉣용이하게 구할 수 있어 많은 사람이 가지고 있는 물건은 한계 효용이 낮다.

**3문단** 그럼 뷔페에서 한계 효용을 높이기 위해서는 어떻게 해야 할까? 바로 다양한 음식을 ㉤소량 먹는 것이다. 좋아하는 음식을 한 그릇 먹을 때 느끼는 효용에 비해 두 번째 그릇을 먹을 때 느끼는 효용은 적어지기 마련이다. 좋아하는 음식 한 가지만을 반복해 먹으면 한계 효용이 낮아질 수밖에 없다. 그러다 보면 어느새 배가 부르고, 내가 얻게 된 효용의 총합계는 만족스럽지 않을지도 모른다. 하지만 음식을 두루두루 조금씩 먹는다면 각각의 음식에 대한 만족감이 더해져, 같은 음식만 반복하여 먹는 것보다 한계 효용을 높일 수 있다.

**4문단** 다만, 한계 효용 체감의 법칙이 통하지 않는 사례도 있다. 바로 '중독'이다. 게임이나 스마트폰을 계속 하다 보면 한계 효용이 점차 낮아진다. 그러면 어느 시점 이후에는 게임이나 스마트폰 대신 텔레비전을 보거나 운동을 하는 것이 더 높은 만족감을 주게 된다. 그러나 중독 수준에 접어든 사람들은 만족감에 대한 합리적 판단을 할 수 없어 한계 효용 체감의 법칙과 상관없이 계속 게임이나 스마트폰을 사용하게 된다.

**이런 뜻이에요**

- **재화** 사람이 원하는 바를 충족시켜 주는 모든 물건.
- **체감** 몸으로 어떤 감각을 느낌.
- **중독** 어떤 사물이나 사상에 빠져 정상적인 판단이나 생각을 할 수 없는 상태.

**1** 이 글의 내용을 다음과 같이 요약했어요. 빈칸에 들어갈 알맞은 말을 쓰세요.

> 재화 혹은 서비스를 다시 이용할 때마다 만족감이 줄어드는 것을 '_____ 체감의 법칙'이라고 부르며, 이것이 적용되지 않는 사례로 '중독'이 있다.

 **2** 한계 효용 체감의 법칙과 관련된 사례로 알맞지 않은 것은 무엇인가요? (          )

① 시간이 흐를수록 오랜만에 만난 친구와의 대화에 흥미를 잃게 되었다.
② 음료수를 한 모금 마셨을 때 느꼈던 청량감이 마실 때마다 점차 덜 느껴진다.
③ 게임기를 선물 받았을 때는 자주 사용했지만, 점차 거의 사용하지 않게 되었다.
④ 좋아하는 아이스크림을 처음 한 입 먹었을 때에 비해 두 번째는 덜 맛있게 느껴진다.
⑤ 내가 끓여 먹은 라면보다 동생에게 뺏어 먹은 라면 한 젓가락이 더 맛있게 느껴진다.

 **3** 뷔페에 갔을 때 느끼게 되는 한계 효용 체감의 법칙을 나타내는 그래프로 알맞은 것은 무엇인가요? (          )

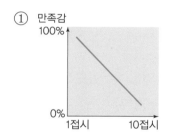 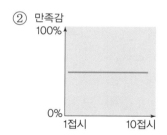 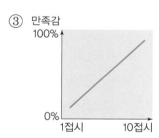

 **4** ㉠~㉺와 바꾸어 쓸 수 있는 낱말로 알맞지 않은 것은 무엇인가요? (          )

① ㉠ 결심하고는 – 다짐하고는
② ㉡ 감소하기 – 떨어지기
③ ㉢ 획득되는 – 얻는
④ ㉣ 용이하게 – 싸게
⑤ ㉤ 소량 – 적게

# 뷔페, 이것만은 지켜요

| 🔵 식품의약품안전처 | **보도 자료** | ⌐국민 **안심**이 **기준**입니다¬ |
|---|---|---|

## 예식장 등 뷔페 음식점 위생 점검 안내

○ 식품의약품안전처는 봄철을 맞이하여 이용객 증가가 예상되는 예식장 등 뷔페 음식점을 대상으로 위생 점검을 실시한다고 밝혔다.

○ 주요 점검 내용은 ▲남은 음식 재사용 여부 ▲기타 식품위생법령 준수 여부 등 이다.

〈붙임〉 음식물 재사용 °가이드라인

1. 식품 접객업자는 손님에게 °진열 · 제공되었던 음식물을 재사용할 수 없음.

2. 다만, 위생과 안전에 문제가 없다고 판단되는 식품으로 위생적으로 취급하면서 다음에 해당하는 경우에는 재사용할 수 있음.

　① 조리 및 양념 등의 과정을 거치지 않은 식품으로서, 별도의 처리 없이 °세척하여 재사용하는 경우(상추, 깻잎, 방울토마토, 포도, 금귤 등 야채 · 과일류)

　② 껍질 채로 보존되어 있어 기타 이물질과 직접적으로 접촉하지 않는 경우 (바나나, 귤, 리치 등 과일류, 땅콩, 호두 등 견과류)

　③ 건조된 │가공식품│으로서, 손님이 먹을 만큼 덜어먹을 수 있도록 진열 · 제공하는 경우(과자류, 초콜릿, 크림이 발리지 않은 빵류)

　④ 뚝배기, 트레이 등과 같은 뚜껑이 있는 용기에 집게 등을 제공하여 손님이 먹을 만큼 덜어먹을 수 있도록 진열 · 제공하는 경우(보온밥통을 통해 덜어먹을 수 있도록 제공된 밥)

 이런 뜻이에요

● **가이드라인**　정부가 어떤 부문에 대한 정책을 뒷받침하기 위하여 설정한 규제의 범위.
● **진열**　여러 사람에게 보이기 위해서 물건을 늘어놓음.
● **세척하여**　깨끗이 씻어.
● **가공식품**　농산물, 축산물, 수산물 등을 인공적으로 처리하여 만든 식품.

**1** 이 보도 자료의 내용을 충분히 알고 있어야 하는 사람을 모두 찾아 기호를 쓰세요.

> ㉠ 뷔페를 이용하는 고객
> ㉡ 뷔페를 운영하는 관리자
> ㉢ 뷔페 음식을 진열하는 직원
> ㉣ 뷔페의 위생 상태를 점검하는 식품의약품안전처

(         )

**2** 빈칸에 들어갈 내용으로 알맞지 <u>않은</u> 것은 무엇인가요? (     )

> 질문: 손님이 덜어 먹을 수 있도록 진열된 _____을/를 재사용할 수 있나요?
> 답변: 아니요. 위생과 안전에 문제가 될 수 있어 재사용할 수 없습니다.

① 김밥
② 잡채
③ 초콜릿
④ 자른 과일
⑤ 생크림 케이크

**3** 이 보도 자료를 읽고 난 뒤의 반응으로 알맞지 <u>않은</u> 것은 무엇인가요? (     )

① 뚜껑이 있는 용기에 음식을 진열하면 위생을 지킬 수 있어.
② 양념 과정을 거쳤더라도 깨끗히 세척하면 재사용할 수 있어.
③ 보온밥통에 보관한 밥은 손님에게 다시 제공해도 문제가 되지 않아.
④ 재사용이 가능한 음식이라도 위생에 문제가 있으면 손님에게 제공할 수 없어.
⑤ 바나나와 같이 껍질이 있는 음식은 내용물에 이물질이 묻지 않아 재사용할 수 있어.

**4** 가공식품 으로 알맞지 <u>않은</u> 것은 무엇인가요? (     )

① 식빵
② 사탕
③ 사과
④ 컵라면
⑤ 탄산음료

# 2일

## 오늘의 낱말

다음 한자어의 뜻과 음을 살펴보고 예문을 읽어 보세요.

**代 用**
대신할 대 | 쓸 용

**대용:** 대신하여 다른 것을 씀. 또는 그런 물건.
- 대용 식품.
- 종이 상자를 서류함 **대용**으로 쓰다.

**分 讓**
나눌 분 | 사양할 양

**분양:** 토지나 건물 등을 나누어 팖.
- 토지 분양.
- 이사철이 되자 신문마다 주택 **분양** 광고가 넘친다.

**滿 開**
찰 만 | 열 개

**만개:** 꽃이 활짝 다 핌.
- **만개**한 꽃밭.
- 때 이른 꽃들의 **만개**로 아이들의 마음에도 일찍이 봄이 찾아왔다.

**循 環**
좇을 순 | 고리 환

**순환:** 주기적으로 자꾸 되풀이하여 돎. 또는 그런 과정.
- 물의 순환.
- 혈액의 순환.

낱말과 뜻을 알맞게 줄로 이으세요.

| 대용 | · | · | 꽃이 활짝 다 핌. |
| 분양 | · | · | 토지나 건물 등을 나누어 팖. |
| 만개 | · | · | 대신하여 다른 것을 씀. 또는 그런 물건. |
| 순환 | · | · | 주기적으로 자꾸 되풀이하여 돎. 또는 그런 과정. |

미리 쌓는 배경지식

## 주말농장

- 주말을 이용하여 채소 등을 가꾸는 도시 근교의 농장을 말한다.
- 정원 또는 녹색 공간을 갖지 못한 도시 사람들이 농업을 체험할 수 있도록 마련된 곳으로, 주말이나 휴일에 와서 상추, 호박, 고추 등을 재배할 수 있도록 농지를 빌려 주는 농장이다.

### 과학

# 버릴 것이 하나도 없는 채소

**1문단** 어느 주말, 엄마는 동생과 나에게 새로운 경험을 시켜주고 싶다며 우리를 호박 농장에 데려가셨다. 처음엔 별로 내키지 않았지만, 호박밭이 눈앞에 펼쳐지자 따라오길 잘했다는 생각이 들었다. 주황색의 커다란 호박과 작은 호박이 주렁주렁 열려 있었고, 가을임에도 불구하고 노란 꽃들이 만개해 있어 눈길을 끌었다. 꽃을 바라보는 우리 가족에게 농장 사장님이 다가와 호박은 꽃까지 먹을 수 있어 버릴 게 하나도 없는 귀한 채소라고 말씀하셨다.

**2문단** 호박 열매는 아주 오래전부터 식사 대용으로 즐겨 먹었다고 한다. 우리 집에서도 호박을 으깨어 자주 호박죽을 만들어 먹기 때문에 호박 열매는 나에게도 익숙한 식재료였다. 사장님께서는 늙은 호박에는 비타민 A와 비타민 C가 있어 감기를 예방해 주고, •식이 섬유가 많아 장 건강에 좋다고 덧붙이셨다. 또한 몸이 붓는 것을 예방해 주어 호박차 등으로 마신다고도 한다.

**3문단** 노란 호박꽃은 만두처럼 쪄 먹기도 하는데, 옛날에는 궁중 음식으로 올릴 정도로 귀했다고 한다. 호박꽃을 먹는다니, 여전히 •반신반의했다. 호박꽃의 맛을 상상하며 고개를 갸우뚱거리고 있으니, 옆에서 함께 사장님의 말씀을 듣고 있던 엄마가 호박잎도 먹을 수 있다고 말씀하셨다. 호박잎을 쪄서 쌈을 싸 먹을 수 있다니! 쌈을 좋아하는 나는 귀가 번쩍 뜨였다. 호박잎은 칼로리가 낮아서 다이어트 식품으로도 유명하다고 한다.

**4문단** 동생이 호박씨는 어디에 쓰냐고 엄마에게 물어보았다. 나 역시 호박죽을 •쑬 때마다 나온 호박씨의 행방이 궁금했다. 역시 버렸을까? 사장님께서 호박씨에는 혈액 순환을 돕는 물질이 들어 있고 머리도 맑게 해 주어 학생들에게 좋다고 말씀하셨는데……. 궁금해 하는 우리들을 보고 엄마께서 말씀하셨다.

"오늘 아침밥에 들어 있던 연두색 씨앗이 뭐라고 생각했어? 그게 엄마가 씻고 말려서 밥 지을 때 넣은 호박씨야!"

우리들은 [　　　　　　　ㄱ　　　　　　　] 없었다.

---

**이런 뜻이에요**

- **식이 섬유**　채소, 과일, 해조류 등에 많이 들어 있는 섬유질.
- **반신반의했다**　어느 정도 믿지만 확실히 믿지 못하고 의심했다.
- **쑬**　곡식의 알갱이 혹은 가루를 물에 끓이고 익혀서 죽이나 메주 등을 만들.

세부 내용

**1** 호박의 각 부분과 이 글에 나타난 활용법을 줄로 이으세요.

| 호박꽃 | · | | · | 쌈을 싸 먹는다. |
| 호박잎 | · | | · | 만두처럼 쪄 먹는다. |
| 호박 열매 | · | | · | 죽을 만들어 먹는다. |

 세부 내용

**2** 호박의 효능으로 알맞지 <u>않은</u> 것은 무엇인가요? (          )

① 피를 맑게 해 준다.
② 감기를 예방해 준다.
③ 혈액 순환을 돕는다.
④ 몸의 붓기를 줄여 준다.
⑤ 체중 조절에 도움이 된다.

 어휘·표현

**3** 다음 중 ㉠에 들어갈 말로 알맞은 것은 무엇인가요? (          )

① 오리발을 내밀 수 밖에
② 놀란 토끼 눈을 할 수 밖에
③ 가는 말에 채찍질할 수 밖에
④ 돼지 멱따는 소리를 낼 수 밖에
⑤ 닭 쫓던 개 지붕 쳐다보듯 할 수 밖에

 어휘·표현

**4** 이 글과 다음 속담을 보고 난 후의 반응으로 알맞은 것은 무엇인가요? (          )

> **호박이 넝쿨째로 굴러떨어졌다**   뜻밖에 좋은 물건을 얻거나 행운을 만났다는 말.

① 이 속담의 '호박'을 '수박'으로 바꾸어 쓸 수 있겠군.
② 옛날부터 호박을 행운에 비유할 정도로 귀중하게 여겼군.
③ 이 속담은 '손 안 대고 코 풀기'라는 속담과 바꾸어 쓸 수 있겠군.
④ 옛날부터 담장에서 호박이 굴러떨어지는 일이 흔하게 일어났나보군.
⑤ 옛날부터 호박을 재배하기 어려웠기 때문에 이런 속담이 만들어졌겠군.

광고

# 주말에는 농사를 지어요

# 주말농장 참여자 모집

인주시에서는 가족 여가 활동 및 농업 활성화를 위해 주말농장을 분양하고 있습니다. 많은 관심 바랍니다.

- 신청 기간: 20○○.3.13.(월)~3.16.(목)
- 참가비: 무료(텃밭 분양, 교육비, 삽 등 °공용 농기구)
  ※ 호미 등 개인 농기구, 씨앗, 모종, 퇴비 등은 각자 구매하여 준비
- 신청 대상: 인주시 주민 또는 인주시에 위치한 직장 근무자
- 신청 방법

| 인터넷 신청 | 시청 홈페이지 → 종합 민원 → 통합 신청 → 로그인 → 신청 |
|---|---|
| 방문 신청 | 65세 이상으로 인터넷 신청이 어려운 분(신분증 지참)에 한해 인주시청 지역경제과(8층)에서 신청 |

- 모집 인원: 총 200가구(세대)
- 텃밭 분양: 1가구당 1구획(5평)
  ※ 중복 신청 금지, 추후 발견 시 텃밭 즉시 회수
- 선정 방법: ㉠무작위 추첨

## 준수 사항

- 주말농장 참여자는 친환경 농법 교육에 필수적으로 참여해야 합니다.
- 특별한 사유 없이 무단으로 °경작을 포기하거나 텃밭을 관리하지 않아 잡초 및 병충해가 발생해 이웃의 텃밭에 피해를 끼칠 경우 다음 연도 분양 시 신청에 제한을 받습니다.

### 이런 뜻이에요

- **공용** 공공의 목적으로 씀. 또는 그런 물건.
- **경작** 땅을 갈아서 농사를 지음.

**1** 이 광고에 추가하면 좋을 내용으로 알맞지 <u>않은</u> 것은 무엇인가요? (          )

① 문의처

② 신청 절차

③ 텃밭 위치

④ 선정자 발표일

⑤ 친환경 농법 교육 일정

**2** 다음 빈칸에 들어갈 말로 알맞지 <u>않은</u> 것은 무엇인가요? (          )

> A씨는 주말농장을 신청하기 위해 인주시청에 방문했으나, 주말농장을 신청할 수 없다는 답변을 받았다. 왜냐하면, ＿＿＿＿＿＿＿＿＿ 때문이었다.

① A씨는 65세 이상이기

② 아직 신청 기간이 아니기

③ A씨는 인주시 주민이 아니기

④ A씨는 작년에 텃밭의 경작을 포기했기

⑤ A씨는 친환경 농법 교육에 참여할 수 없기

**3** 주말농장 참여자의 후기로 알맞지 <u>않은</u> 것은 무엇인가요? (          )

① 직접 텃밭에서 키운 채소를 요리해 먹을 수 있어서 만족스러워요.

② 무료로 씨앗과 퇴비까지 제공해 주어 경제적으로 부담이 없었어요.

③ 텃밭에서 땀 흘리며 일하니 보람도 있고 건강에도 좋아서 일석이조예요.

④ 모종 심는 법부터 수확까지 교육을 해 주어 초보자도 쉽게 농사지을 수 있었어요.

⑤ 주말마다 가족이 다 함께 농장을 방문하면서 즐거운 여가 시간을 보낼 수 있었어요.

**4** 다음 중 ㉠과 관련 있는 것은 무엇인가요? (          )

① 시험 성적에 따라 반 석차를 매긴다.

② 가장 높은 점수를 획득한 사람을 합격자로 결정한다.

③ 영화관에서 먼저 예매하는 사람이 원하는 좌석을 선택한다.

④ 후보자 중에서 가장 많은 표를 받은 사람을 반장으로 결정한다.

⑤ 기숙사를 신청한 사람들 중에서 제비를 뽑아 입주자를 결정한다.

# 4주 3일

### 오늘의 낱말

다음 한자어의 뜻과 음을 살펴보고 예문을 읽어 보세요.

| 對 | 立 |
|---|---|
| 대답할 대 | 설 립 |

**대립:** 의견, 생각, 입장이 서로 맞지 않거나 반대됨.
- 부모님은 나와 언니의 의견 **대립**을 중재하셨다.
- 찬성과 반대의 **대립**이 심해 좀처럼 결론이 나지 않았다.

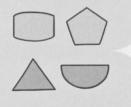

| 別 | 個 |
|---|---|
| 다를 별 | 낱 개 |

**별개:** 관련성이 없이 서로 다름.
- 그것과 이것은 **별개** 문제다.
- 그는 자신의 삶과 어머니의 삶은 **별개**라고 생각했다.

| 處 | 罰 |
|---|---|
| 곳 처 | 벌줄 벌 |

**처벌:** 죄를 지은 사람에게 제재를 가하거나 벌을 내림. 또는 그러한 제재나 벌.
- 그는 음주 운전으로 **처벌**을 받았다.
- 학교는 학교 폭력의 **처벌** 수위를 높여야 한다.

| 侵 | 害 |
|---|---|
| 침노할 침 | 해로울 해 |

**침해:** 다른 사람의 땅, 재산, 권리 등을 범해 해를 끼침.
- 남의 휴대폰을 몰래 보는 것은 사생활 **침해**이다.
- 남의 작업물을 허락 없이 함부로 유포하는 것은 저작권 **침해**에 해당한다.

낱말과 뜻을 알맞게 줄로 이으세요.

대립 ·

별개 ·

처벌 ·

침해 ·

· 관련성이 없이 서로 다름.

· 의견, 생각, 입장이 서로 맞지 않 거나 반대됨.

· 다른 사람의 땅, 재산, 권리 등을 범해 해를 끼침.

· 죄를 지은 사람에게 제재를 가하 거나 벌을 내림. 또는 그러한 제재 나 벌.

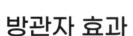

미리 쌓는 배경지식

## 방관자 효과

🌿 주위에 사람들이 많을수록 어려움에 처한 사람을 돕지 않게 되는 현상을 말한다.

🌿 '방관자'란 '어떤 일에 직접 나서지 않고 곁에서 보기만 하는 사람.'을 뜻한다.

🌿 자신이 아니더라도 누군가 도움을 줄 것이라는 생각을 가지고 책임을 회피하면 서 발생한다.

# 교과서 문해력

## 사회

# 구하지 않으면 벌을 받는다고요?

**1문단** 한 유대인이 강도를 당해 길에 쓰러져 있었다. 죽어 가고 있는 유대인을 보고도 다른 사람들은 그냥 지나쳐 갔으나, 평소 그와 °적대 관계에 있었던 사마리아인만이 유대인을 구해 주었다. 이 이야기에서 유래한 것이 바로 '사마리아인의 법'이다. 이 법은 위험에 처한 사람을 °구조할 수 있음에도 그를 구조하지 않은 행위에 대해 처벌하는 조항을 말한다.

**2문단** ㉠사마리아인의 법을 지지하는 측은 생명이 위태로운 상황에 처한 사람을 °외면하는 것은 도덕적으로 옳지 않다고 주장한다. 또한, 이 법은 공동체 의식을 강화하며 생명 존중의 가치를 실현하는 데 도움이 된다고 본다. 사마리아인의 법이 적용된다면, 학교 폭력을 °방관하는 사람들의 수가 줄어들 것이라 기대할 수 있다.

**3문단** 사마리아인의 법을 반대하는 측의 주장은 도덕과 법이 별개라고 본다. 이들은 양심에 따른 구조 행위를 법으로 강제하는 것은 개인의 자유를 침해하는 것이라 주장한다. 이들은 만일 급하게 어딘가로 가야 하는 상황에서 도움이 필요한 사람을 발견했을 때, 법적 처벌을 피하기 위해 나의 손해를 °감수하고 돕는 것이 과연 진정으로 도덕적인지에 대하여 의문을 제기한다. 또한 사마리아인의 법은 범죄 예방 의무와 같은 국가의 의무를 개인의 책임으로 돌리는 것이라고 주장한다.

**4문단** 이미 프랑스, 미국, 중국 등에서는 사마리아인의 법을 °규정하고 있다. 프랑스의 경우, 자기가 위험에 빠지지 않음에도 위험에 처해 있는 사람을 구조하지 않은 사람은 징역 또는 벌금에 처한다고 규정하고 있다. 우리나라의 경우, 누군가를 구조하지 않더라도 법적으로 처벌받지 않는다. 지금도 많은 나라에서는 이 법의 도입을 둘러싸고 뜨거운 찬반 대립이 이어지고 있다.

## 이런 뜻이에요

- **적대 관계** 적으로 대하는 관계.
- **구조할** 재난 등을 당하여 어려운 처지에 빠진 사람을 구할.
- **외면하는** 마주치기를 꺼리어 피하거나 얼굴을 돌리는.
- **방관하는** 어떤 일에 직접 나서지 않고 옆에서 바라보기만 하는.
- **감수하고** 힘들고 괴로운 일을 달갑게 받아들이고.
- **규정하고** 규칙으로 정하고.

**1** 이 글에서 찾아볼 수 있는 글쓰기 전략 두 가지는 무엇인가요? (        ,        )

① 다양한 사례를 제시하여 설명을 구체화하고 있다.

② 대상을 일정한 기준에 따라 분류하여 설명하고 있다.

③ 대상이 어떻게 만들어졌는지 유래를 알려 주고 있다.

④ 찬성과 반대로 의견을 나누어 각각의 주장을 소개하고 있다.

⑤ 여러 가지 이론을 소개한 후 정리하는 방식으로 구성하고 있다.

**2** 사마리아인의 법을 둘러싼 입장을 다음과 같이 요약했어요. 빈칸에 들어갈 알맞은 말을 쓰세요.

| 찬성 | 반대 |
| --- | --- |
| • 위험에 처한 사람을 외면하는 것은 _____㉮_____으로 옳지 못한 일이다.<br>• 공동체 의식과 생명 존중 가치 실현에 도움이 된다. | • 구조 행위를 법으로 강제하면 개인의 _____㉯_____를 침해할 수 있다.<br>• 국가의 의무를 개인의 책임으로 돌리는 것이다. |

• ㉮ _____    ㉯ _____

**3** 이 글의 내용으로 맞으면 ○표, 틀리면 ×표 하세요.

(1) 우리나라는 사마리아인의 법을 도입할 예정이다.                    (        )

(2) 프랑스는 사마리아인의 법에 따른 처벌 규정을 명확하게 제시하고 있다. (        )

(3) 사마리아인의 법에 따르면 위험을 감수하더라도 어려움에 처한 사람을 구조해야 한다.                                               (        )

**4** ㉠의 입장에서 다음 상황에서 해야 할 행동으로 알맞은 것은 무엇인가요? (        )

> 지하철역에서 어떤 사람이 갑자기 의식을 잃고 쓰러졌다. 많은 사람들이 주변에 있었지만, 아무도 그에게 다가가지 않았다.

① 그냥 지나간다.

② 다른 사람이 돕기를 기다린다.

③ 119에 신고한 후 주변에 도움을 요청한다.

④ 상황을 영상으로 촬영해 소셜 미디어에 공유한다.

⑤ 다른 사람에게 구조를 요청하고 자신은 집으로 돌아간다.

동영상
## 누군가 하겠지?

ㄱ

조회수 1101회 1개월 전

 아이스크림 TV
구독자 3만 명

→ 공유   ⇉ 저장   •••

1964년 뉴욕, 한 여성이 비극적인 죽음을 맞이했습니다. 그녀의 이름은 키티 제노비스. 집으로 돌아가던 중 *괴한에게 무참히 살해당했는데요. 충격적인 사실은 수많은 목격자가 그녀의 비명 소리를 듣고도 그대로 현장을 지나쳤다는 것입니다.

그때와 같은 비극이 어젯밤에도 반복되었습니다. *뺑소니 사고를 당한 10대 학생이 도로 위에서 그대로 방치된 채 목숨을 잃은 것입니다. 경찰이 근처 CCTV를 확인한 결과, 그곳을 지나간 사람들이 있었음에도 누구 하나 도움을 주지 않았습니다.

전문가들은 이러한 현상이 'ⓛ책임감 *분산'에 따른 결과라고 설명합니다. '다른 사람들이 있으니 내가 도와줄 필요는 없다.'는 생각으로 인해 결국 그 누구도 책임을 지지 않는다는 것입니다.

앞으로도 이러한 비극이 반복되도록 내버려둬야 할까요? 당신의 용감한 행동에 달렸습니다.

### 이런 뜻이에요

- **괴한**  누군지 알 수 없는 나쁜 사람.
- **뺑소니**  몰래 급하게 달아나는 것.
- **분산**  갈라져 흩어짐. 또는 그렇게 되게 함.

**1** ㉠에 들어갈 내용으로 알맞은 것에 ○표 하세요.

| 자신의 한계를 뛰어넘으세요 | 효과적으로 도움을 요청하는 방법을 알려드립니다 | 모두가 외면할 때, 당신의 용기가 필요합니다 |

**2** 이 동영상에서 '키티 제노비스'의 사건을 제시한 목적으로 알맞은 것에 ○표 하세요.

(1) 사건의 목격자들을 비난하기 위해                                      (       )

(2) 사건을 신속하고 정확하게 알리기 위해                                (       )

(3) 비슷한 사건이 반복됨을 알리고 행동을 촉구하기 위해              (       )

**3** 이 동영상과 보기 의 글을 읽고 난 후의 반응으로 알맞은 것은 무엇인가요? (          )

보기

　　1960년대 후반, 미국의 컬럼비아대학교에서는 사람들이 위험에 처한 사람을 도와주는지 알아보는 실험을 했다. 한 학생이 뇌전증 발작을 일으킨 것처럼 연기를 했다. 그때 혼자 있는 사람의 85%가 그 학생을 도와주었다. 그러나 두 명이 함께 있을 때는 62%만 도와줬고, 네 명이 있을 때는 31%만이 도움의 손길을 내밀었다.

① 사람들은 여러 사람과 함께 있을 때 책임감이 커지는군.

② 사람들은 혼자 있을 때는 문제를 해결하려고 하지 않는군.

③ 사람들은 주위에 다른 사람들이 있을 때 적극적으로 행동하는군.

④ 여러 사람과 함께 협력하며 생활하기보다 혼자 있는 것이 낫겠군.

⑤ 사람들은 여러 사람과 함께 있을 때 자신이 나설 필요가 없다고 느끼는군.

**4** 다음 중 ㉡과 가장 어울리는 사자성어에 ○표 하세요.

(1) 학수고대: 학의 목처럼 목을 길게 빼고 간절히 기다림.              (       )

(2) 속수무책: 손을 묶은 것처럼 어찌할 도리가 없어 꼼짝 못 함.      (       )

(3) 수수방관: 간섭하거나 거들지 아니하고 그대로 버려둠을 이르는 말.  (       )

# 4일

## 오늘의 낱말

다음 한자어의 뜻과 음을 살펴보고 예문을 읽어 보세요.

| 名 | 唱 |
|---|---|
| 이름 명 | 부를 창 |

**명창:** 노래를 뛰어나게 잘 부르는 사람.
- 판소리 **명창**.
- 그녀는 유명한 **명창**이다.

| 優 | 雅 |
|---|---|
| 넉넉할 우 | 아담할 아 |

**우아:** 고상하고 기품이 있으며 아름다움.
- 그 사람의 말투는 조용하고 **우아**했다.
- 나는 발레리나의 **우아**한 춤에 시선을 빼앗겼다.

| 追 | 求 |
|---|---|
| 쫓을 추 | 구할 구 |

**추구:** 목적을 달성하기 위해서 계속 따르며 구함.
- 내가 가장 원하는 것은 행복의 **추구**이다.
- 재단과 후원 단체는 이윤을 **추구**하지 않는다.

| 後 | 援 |
|---|---|
| 뒤 후 | 도울 원 |

**후원:** 뒤에서 도와줌.
- 나는 매달 환경 보호 단체에 **후원**하고 있다.
- 그는 장학금 **후원**으로 무사히 대학을 졸업할 수 있었다.

## 오늘의 퀴즈

빈칸에 들어갈 알맞은 낱말을 보기 에서 골라 쓰세요.

보기

명창     우아     추구     후원

1  그녀는 한복을 ☐☐하게 차려입고 집을 나섰다.

2  그 가게는 이익의 ☐☐보다는 인심 베풀기를 좋아하는 것 같다.

3  그는 어려운 일이 있을 때 다른 사람의 ☐☐을 받아 위기를 극복했다.

4  그 소리꾼은 수십 년 동안 엄청난 노력 끝에 ☐☐의 경지에 이르렀다.

미리 쌓는 배경지식

## 판소리

- 줄거리가 있는 이야기를 노래로 표현하는 한국 전통 음악으로, 북장단에 맞추어서 연기를 섞어 가며 노래하는 극음악이다.
- 노래를 부르는 한 명의 소리꾼, 소리북이나 장구를 치는 고수가 있어야 판소리를 할 수 있다.
- 판소리는 2003년 유네스코 인류무형문화유산에 등재되었다.

음악

# 우아한 예술, 판소리

**1문단** 멀리서 들려오는 노랫소리에 신재효의 귀가 쫑긋했어요. 그는 어릴 적부터 얼마나 판소리를 좋아했던지, 집으로 소리꾼을 불러들여 공연하게 하고 직접 판소리를 연구했을 정도였어요. 신재효는 판소리에 재능 있는 ˙광대들을 경제적으로 돕기도 했어요. 최초의 여성 명창이라고 불리는 진채선도 그가 후원하고 지도하여 탄생했어요.

**2문단** "그런데 부르는 사람에 따라서 이렇게 판소리의 음이 다른 까닭은 뭘까? 가사도 ˙상스러운 데가 너무 많고 말이야. 아무래도 안 되겠어. 판소리가 예술로 인정받을 수 있도록 내가 나서서 갈고닦아야겠어."

신재효는 전국의 유명한 명창들을 모두 불러 모아 음을 다듬었어요. 또한 신재효는 가사를 우아한 표현으로 다듬었어요. 단순히 가사의 아름다움만 추구하지 않고, 현실적이지 않거나 말이 되지 않는 부분은 과감히 수정했어요. 그리고 그는 판소리는 청중의 ㉠심금을 울리는 연기 또한 중요하다고 생각했어요. 그래서 흥부가에서는 직접 박을 타는 흉내를 내고, 심청가에서는 인당수에 빠지는 연기를 할 수 있도록 방법을 제시했어요.

**3문단** 신재효의 손을 거치면서 판소리는 하나의 예술로 거듭날 수 있었어요. 전국 ˙방방곡곡에서 불리던 판소리는 춘향가, 심청가, 수궁가, 흥부가, 적벽가, 변강쇠 타령과 같이 여섯 마당으로 정리되었지요. 그러면서 ˙하층민이 즐기던 판소리의 색깔이나 현실 비판 의식이 옅어지긴 했으나, 신분과 상관없이 더 많은 이들에게 사랑받는 예술로 자리 잡을 수 있었어요.

**4문단** 신재효는 판소리 이론을 세우고 정리한 후에는 직접 노래를 짓기도 했어요. 그는 사회적인 내용이나 재산을 모으는 방법 등을 노래 가사에 담았는데, 직접 지은 노래가 30여 편이나 되었어요. 하지만 신재효가 지은 노래보다는 판소리 여섯 마당이 더 널리 알려져 사랑받았지요.

### 이런 뜻이에요

- **광대** 가면극, 인형극, 줄타기, 판소리 등을 직업으로 하는 사람.
- **상스러운** 행동이나 말투가 천하고 교양이 없는.
- **방방곡곡** 한 군데도 빠짐이 없는 모든 곳.
- **하층민** 계급이나 신분, 지위, 생활 수준 등이 낮은 사람.

**1** 이 글의 내용을 다음과 같이 요약했어요. 빈칸에 들어갈 알맞은 말을 이 글에서 찾아 쓰세요.

> _____를 하나의 예술로 만든 신재효

**2** 신재효의 업적으로 알맞지 <u>않은</u> 것은 무엇인가요? (          )

① 최초의 여성 명창 탄생에 기여했다.

② 전국의 명창들을 한데 모아 음을 다듬었다.

③ 허무맹랑한 가사를 현실적인 내용으로 수정했다.

④ 현실을 비판하는 가사를 통해 사회 개혁을 이끌었다.

⑤ 가사의 전달력을 높일 수 있는 연기 방법을 제시했다.

**3** 이 글과 ＿보기＿를 읽고 난 후의 반응으로 알맞지 <u>않은</u> 것은 무엇인가요? (          )

＿보기＿

> 초기 판소리에는 춘향가, 심청가, 수궁가, 흥부가, 적벽가, 배비장 타령, 변강쇠 타령, 옹고집 타령 등 여러 수의 작품이 있었다. 이후 판소리는 신재효의 손을 거치며 충, 효, 의리, 정절 등 조선 시대의 가치관을 담은 판소리 여섯 마당으로 정리되었다.

① 신재효는 일정한 체계 없이 불러 오던 판소리를 정리했겠군.

② 이전에 불리던 판소리에는 하층민의 목소리가 짙게 담겼겠군.

③ 배비장 타령은 신재효가 정착시킨 판소리 여섯 마당 중 하나로군.

④ 판소리 여섯 마당으로 정리하면서 작품의 다양성은 줄어들었겠군.

⑤ 판소리 여섯 마당으로 정착된 후에는 양반 또한 판소리를 즐겼겠군.

**4** 다음 중 ㉠과 가장 어울리는 사자성어에 ○표 하세요.

⑴ 무아지경: 정신이 한곳에 온통 쏠려 스스로를 잊고 있는 경지.          (          )

⑵ 감개무량: 마음속에서 느끼는 감동이나 느낌이 끝이 없음. 또는 그 감동이나 느낌.

(          )

SNS

# 전통을 지키는 사람들

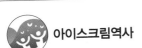
**아이스크림역사** ⋮

♥ ○ ◁                    🔖

**아이스크림역사** 안녕하세요. 오늘은 국가무형유산을 지키는 사람들을 소개해 드리려 해요. 먼저, 국가무형유산은 여러 세대에 걸쳐서 전승되며 한 공동체에서 재창조된 전통 기술이나 공연, 생활 관습과 같은 국가유산을 말해요. 이전에는 무형 문화재라고 불렀으나 이제는 국가무형유산이라는 명칭을 사용해요.

국가 무형유산 보유자란 국가유산을 •재현할 능력을 보유한 사람을 부르는 말이에요. 전통 갓을 만들 수 있는 사람, 궁중 음식을 전문적으로 만들 줄 아는 사람 등이 국가 무형유산 보유자이지요. 국가 무형유산 보유자로 지정되면 국가무형유산을 사람들에게 보여 주고 제자를 길러 내 전승해야 하는 의무를 가지게 된답니다.

1일 전

---

댓글

**이선재** 저희 할머니가 국가 무형유산 보유자세요. 저희 할머니는 판소리를 부르시는 명창이시랍니다. 판소리는 유네스코 인류무형문화유산으로 등재되기도 했어요.

**민다솜** 많은 국가 무형유산 보유자가 전통을 이을 제자를 찾지 못하고 있다고 해요. ㉠오랜 세월에 걸쳐 만들어진 유산일지라도 쉽게 사라지거나 파괴될 수 있으므로 그러한 유산을 보존하고 유지하는 것이 중요해요. 우리의 소중한 전통이 끊이지 않도록 많은 관심 부탁드려요.

**안연두** 국가무형유산에는 윷놀이나 김치 담그기 같은 것도 등재되어 있던데요. 이러한 것도 국가 무형유산 보유자가 있나요? 윷놀이는 저도 할 줄 아는데 저도 국가 무형유산 보유자인 걸까요?
　　**아이스크림역사** 생활 관습으로 전해 내려온 국가무형유산은 국가 무형유산 보유자를 지정하지 않기도 해요. 그러므로 국민 모두가 전통을 아끼고 이어나가야 소중한 전통을 지킬 수 있답니다.

☺ 댓글 달기...                    게시

**이런 뜻이에요**

● **전승되며** 문화, 풍속, 제도 등을 이어받아 계승되며.
● **관습** 어떤 사회에서 오랫동안 지켜 내려와 그 사회 성원들이 널리 인정하는 질서나 풍습.
● **재현할** 다시 나타낼.

**1** 빈칸에 들어갈 알맞은 말을 이 글에서 찾아 쓰세요.

> _____는 한 공동체에서 재창조된 전통 공연과 기술, 생활 관습과 같은 국가유산을 재현할 능력을 보유한 사람을 이르는 말이다.

**2** 다음 중 성격이 <u>다른</u> 것으로 알맞은 것은 무엇인가요? (        )

① 씨름          ② 택견          ③ 남한산성      ④ 줄다리기      ⑤ 훈민정음

**3** 다음 중 ㉠과 관련된 명언을 골라 기호를 쓰세요.

> (가) 옛사람들이 이르기를 나라는 멸할 수 있으나, 역사는 멸할 수 없다고 했다.
> (나) 절을 태우는 데는 한나절이면 족하지만 절을 세우는 데는 천 년 이상의 세월로도 부족하다.
> (다) 나는 우리나라가 세계에서 가장 아름다운 나라가 되기를 원한다. 오직 한없이 가지고 싶은 것은 높은 문화의 힘이다.

(                )

**4** 이 글과 보기 를 읽고 난 후의 반응으로 알맞지 <u>않은</u> 것은 무엇인가요? (        )

> 보기
>
> 2013년 한국의 김장 문화가 유네스코 인류무형문화유산으로 등재되었다. 김장 문화는 따로 전승하는 국가 무형유산 보유자가 있는 것이 아니라, 우리나라의 국민 모두가 실행하는 생활 속의 무형유산이라는 특징이 있다.

① 한국의 김장 문화는 김치를 담그는 것 이상의 의미가 있겠군.
② 다른 유네스코 인류무형문화유산도 대부분 전승하는 사람이 없겠군.
③ 김장 문화는 우리나라 고유의 문화라 독창적이란 평가를 받고 있겠군.
④ 김장 문화는 생활 속에서 이루어지고 있으니, 갖가지 방식으로 전승되었겠군.
⑤ 국가 무형유산 보유자가 없어도 유네스코 인류무형문화유산으로 등재될 수 있군.

## 오늘의 낱말

다음 한자어의 뜻과 음을 살펴보고 예문을 읽어 보세요.

| 拒 | 否 |
|---|---|
| 막을 거 | 아닐 부 |

**거부:** 제안이나 요구 등을 받아들이지 않고 물리침.
- 그 작가는 노벨 문학상을 **거부**한 작가로 유명하다.
- 나는 다리 부상으로 마라톤 참가 **거부** 의사를 밝혔다.

| 美 | 德 |
|---|---|
| 아름다울 미 | 덕 덕 |

**미덕:** 칭찬할 만큼 훌륭하고 아름다운 행동이나 태도.
- 극장에서는 휴대폰을 사용하지 않는 것이 **미덕**이다.
- 옛날에는 겸손한 태도로 남에게 양보하는 것이 하나의 **미덕**이었다.

| 惡 | 化 |
|---|---|
| 악할 악 | 될 화 |

**악화:** 병의 증세가 나빠짐.
- 할아버지는 암 투병 중 증세가 **악화**되었다.
- 나는 감기 증상이 **악화**되어 병원에 갈 수밖에 없었다.

| 壓 | 迫 |
|---|---|
| 누를 압 | 닥칠 박 |

**압박:** 기운을 못 펴게 세력으로 내리누름.
- 형은 성적 **압박**의 스트레스를 게임으로 풀었다.
- 나는 정신적 **압박**에 시달리다 거짓말한 것을 친구에게 실토했다.

낱말과 뜻을 알맞게 줄로 이으세요.

거부 ·

미덕 ·

악화 ·

압박 ·

· 병의 증세가 나빠짐.

· 기운을 못 펴게 세력으로 내리누름.

· 제안이나 요구 등을 받아들이지 않고 물리침.

· 칭찬할 만큼 훌륭하고 아름다운 행동이나 태도.

**4주**
**5일**

미리 쌓는 배경지식

## 다이어트

- 미용 혹은 건강을 위해 음식의 양과 종류를 조절해 먹는 일을 말한다.
- 원래는 특정 질병 등을 치료하기 위해 의사의 지시에 따라서 식단을 조절하는 치료 방법이었으나, 오늘날에는 미적 기준을 맞추기 위한 하나의 방법으로 운동, 음식 조절 등 체중을 감량하는 모든 행동을 지칭한다.

사회

# 안 먹어도 문제, 많이 먹어도 문제

1문단 *섭식 장애는 정신적인 문제로 인해 식사를 하는 것에 문제가 생기는 질환이다. 다른 사람보다 조금 많이 먹거나 적게 먹는 정도가 아니라 *병적으로 먹는 양에 *집착하고, *극단적으로 식사하는 증상에 가깝다. 우리나라 전체 청소년의 약 10%가 섭식 장애를 앓고 있으며, 남학생에 비해 여학생이 섭식 장애를 앓는 비율이 더 높다.

2문단 흔히 거식증이라고 불리는 '신경성 식욕 부진증'은 먹는 것을 거부하거나 두려워하는 증세이다. 살이 찌는 것을 걱정하다 보니, 음식을 먹더라도 새 모이만큼 먹거나 먹은 것을 다 토해 낸다. 이 질환을 앓고 있는 사람은 *구토하면서 넘어온 위액으로 인해 식도가 상해 역류성 식도염에 걸릴 확률이 높다. 또한 저체중 상태가 오래 지속되면 몸의 면역력이 약해져 다른 질환에 걸릴 수도 있다.

3문단 반면, 폭식증이라 불리는 '신경성 대식증'은 스스로 절제하지 못하고 음식을 한꺼번에 지나치게 많이 먹는 증세이다. 단순히 식탐이 많거나 어쩌다 과식을 하는 정도가 아니다. 몹시 많은 음식을 몸에 밀어 넣다 보니 폭식증은 체중 증가뿐 아니라 소화기 장애를 일으킨다. 폭식증은 주로 비만인 사람에게 나타나며, 다이어트를 시도하고 또 실패하는 과정에서 증상이 악화되기도 한다.

4문단 이러한 섭식 장애는 기본적으로 마른 몸매를 미덕으로 여기는 사회적 분위기에 대한 압박감, 낮은 *자존감 등이 원인이다. 이미 영양적으로 문제가 있거나, 일상생활이 불가능할 정도라면 입원하여 심리 치료나 약물 치료를 실시하기도 한다. 하지만 가장 중요한 것은 자신의 마음가짐을 바꾸는 것으로, 날씬한 몸이 예쁜 것이라는 고정 관념에서 벗어나야 한다. 음식에 대한 두려움을 버리고 무작정 굶는 것이 아닌 건강한 다이어트 방식을 따르며 차근차근 체중을 감량하는 것이 중요함을 잊지 말아야 한다.

## 이런 뜻이에요

- **섭식** 음식을 섭취함.
- **병적** 정상을 벗어나 불건전하고 지나친 것.
- **집착하고** 어떤 것에 마음이 쏠려서 떨치지 못하고 계속 매달리고.
- **극단적** 행동이나 마음이 한쪽으로 완전히 치우친 것.
- **구토하면서** 먹은 음식물을 토하면서.
- **자존감** 자신을 소중히 대하며 스스로를 지키는 감정.

**1** 섭식 장애의 특징을 다음과 같이 간추렸어요. 빈칸에 들어갈 알맞은 말을 쓰세요.

신경성 식욕 부진증

( ㉠ )

식사를 하는 것에 문제가 있다.

• _____㉡_____이라고도 불린다.
• 먹은 것을 다 토해 내거나 아주 조금 먹는다.
• 면역력이 약해져 다른 질환에 걸릴 수 있다.

• 폭식증이라고도 불린다.
• 많은 음식을 먹어 체중이 증가하고 소화기 장애를 일으킨다.
• 다이어트 과정에서 악화되기도 한다.

• ㉠ _____    ㉡ _____

**2** 이 글을 읽고, **틀린** 곳을 맞게 고쳐 쓰세요.

(1) 섭식 장애는 ~~높은~~ 자존감이 원인 중 하나이다.　　＼_____

(2) 거식증이 심해지면 역류성 ~~위염~~을 동반할 수 있다.　　＼_____

(3) 우리나라 청소년의 약 ~~15%~~가 섭식 장애를 앓고 있다.　　＼_____

**3** 섭식 장애를 해결하는 방법으로 알맞지 **않은** 것은 무엇인가요? (　　　)

① 음식에 대한 두려움을 버린다.
② 날씬한 몸이 예쁘다는 고정 관념을 버린다.
③ 극단적인 다이어트 방식을 따라 체중을 감량한다.
④ 사회적 인식을 개선하기 위한 캠페인을 실시한다.
⑤ 섭식 장애로 일상생활이 불가한 정도라면 입원 치료를 받는다.

**4** 이 글과 　보기　를 읽고 난 후의 반응으로 알맞지 **않은** 것은 무엇인가요? (　　　)

보기

　　2010년, 한 모델이 거식증으로 숨진 뒤 프랑스 및 유럽의 많은 나라에서 모델의 건강권을 지키기 위해 다양한 법안과 규제를 만들었다. 또한 유명 명품 기업에서는 모델의 건강을 보호하기 위해 건강 진단서를 제출하도록 하고 있다.

① 거식증이 악화되면 사람이 사망할 수도 있겠군.
② 과거에는 모델이 되는 요건으로 마른 몸매가 중요했겠군.
③ 프랑스의 법안은 모델의 건강과 안전을 보장하기 위해 만들어졌군.
④ 건강 진단서를 보고 모델의 건강이 좋지 않으면 무대에 세우지 않겠군.
⑤ 이 사건 이후로 마른 체형의 모델은 더 이상 패션계에서 활동할 수 없게 되었군.

| 교 훈<br>"슬기롭고 바르게 자라자" | 가정 통신문 | 인주초등학교<br>전화: 065-455-○○○○ |
| --- | --- | --- |

1. 20○○년 5월 급식비

   초, 중, 고등학교 학생은 *무상 급식을 실시합니다.

2. 급식 운영 안내

   • 저학년과 고학년은 맵기를 다르게 하여 제공합니다.

   • 매주 월요일은 고기, 생선 없는 채식의 날을 시행합니다.

   • *기호가 낮은 녹황색 채소를 반드시 포함시켜 부족한 영양소가 없도록 운영합니다.

   • 식재료 *원산지, 알레르기 정보 및 식단 계획표는 학교 홈페이지에 공개됩니다.

   • 양질의 단백질을 섭취할 수 있도록 소고기, 돼지고기, 닭고기, 생선이 한 주에 골고루 구성되도록 운영합니다.

   • 조미료는 사용하지 않고 다시마, 멸치, 보리새우로 국물을 내고, 저염식을 위해 국의 염도는 0.4~0.6%로 제공합니다.

3. 알레르기 ㉮유발 식품 확인

   • 우유, 메밀, 땅콩, 달걀 등 식품 알레르기가 있는 학생은 급식을 먹을 때 주의할 수 있도록 가정에서 지도해 주세요.

   • 알레르기 관리 학생의 경우 알레르기가 표시된 식단표를 꼭 확인하여 해당 음식이 나올 경우 담임 선생님께 알리고, 먹지 않도록 합니다.

4. 급식 관련 문의 및 안내

   • 학교 홈페이지(www.inju.es.kr): 식단표, 급식 사진, 급식 관련 각종 소식 안내

   • 영양 관리실(☎065-645-○○○○)

인 주 초 등 학 교 장

**이런 뜻이에요**

• **무상** 어떤 행위에 대하여 아무런 대가나 보상이 없음.

• **기호** 즐기고 좋아함.

• **원산지** 동식물이 맨 처음 자란 곳.

**1** 이 가정 통신문의 목적은 무엇인가요? (          )

① 식단 계획표를 안내하기 위해

② 급식 모니터 요원을 모집하기 위해

③ 올바른 식생활 지침을 안내하기 위해

④ 알레르기 유발 음식을 안내하기 위해

⑤ 급식 관련 알림 사항을 안내하기 위해


**2** 이 가정 통신문의 내용으로 알맞지 <u>않은</u> 것은 무엇인가요? (          )

① 학생은 무료로 급식을 먹을 수 있다.

② 학교 홈페이지에서 급식 사진을 확인할 수 있다.

③ 알레르기가 있는 학생은 담임 선생님께 알려야 한다.

④ 학생들이 좋아하지 않는 식재료는 메뉴에서 제외된다.

⑤ 학생들의 학년에 따라 매운맛을 조절해 급식을 제공한다.


**3** ㉮와 바꾸어 쓸 수 있는 낱말은 무엇인가요? (          )

① 야기          ② 이유          ③ 원인

④ 생산          ⑤ 전달


**4** 다음은 인주초등학교에 다니는 학생의 일기입니다. ㉠ ~ ㉤ 중 알맞지 <u>않은</u> 내용은 무엇인가요? (          )

> 20○○.5.31.(월) 오늘의 일기
>
> 　오늘은 한 주의 시작이자 바다의 날이라 선생님께서 해양 오염에 관한 다큐멘터리를 보여 주셨다. 바다 생물들이 오염으로 고통 받는 모습이 정말 안타까웠다. ㉠그런데 하필 오늘 급식에 고등어가 나와서 먹는 것이 미안하게 느껴졌다. ㉡다른 반찬을 먹으려고 보니, 달걀 알레르기 때문에 먹을 수가 없었다. ㉢결국 국에 밥을 말아 먹었는데, 국물이 짜지 않아서 건강하게 먹을 수 있었다. ㉣듣기로는 국을 만들 때 조미료를 사용하지 않아 깔끔한 맛이 난다는데, 정말 그런 것 같다. ㉤내일은 고기 메뉴가 나온다고 해서 기대된다.

① ㉠          ② ㉡          ③ ㉢          ④ ㉣          ⑤ ㉤

**사진 출처**

셔터스톡　https://shutterstock.com

공유마당　https://gongu.copyright.or.kr

# 아이와 평생
# 함께할 습관을
# 만듭니다.

아이스크림 홈런 2.0
## 공부를 좋아하는 습관

오늘의 성적을 넘어
아이와 평생 함께할 습관을 만듭니다.

틀리는 것을 두려워하지 않는 습관
궁금한 것은 끝까지 파보는 습관
스스로 설정한 목표는 해내고야 마는 습관
그렇게, 공부를 좋아하는 습관

**결국 습관이 이긴다.**

아이스크림 홈런 2.0
## 공부를 좋아하는 습관

아이스크림 홈런이 만드는 '공부를 좋아하는 습관'을 지금 확인해 보세요.

교과서부터 실생활까지
꽉 잡는 문해력 챌린지

# 교과서 실생활 문해력

## 정답과 해설

**6단계**

초등 5·6학년

# 이렇게 활용해요

정답과 오답의 이유를 꼼꼼히 확인해요.
이해하기 어려운 내용은 주변 어른에게 물어봐요.

# 교과서 실생활 문해력

## 정답과 해설

### 6단계

초등 5·6학년

# 1주

**오늘의 퀴즈**

1 불리         2 성과
3 달성         4 종목

**교과서 문해력**

1 포기
2 ④
3 ③
4 ⑤

**실생활 문해력**

1 ④
2 (가), (다)
3 ⑤
4 ③

▶ 교과서 문해력 – 끝날 때까지 끝난 게 아니다 ◀

▪ 글의 종류 설명하는 글
▪ 글의 주제 운동선수들의 명언

1 스포츠 명언에는 운동선수들이 목표 달성을 위해 쉽게 포기하지 않고 노력하는 태도가 깃들어 있어요.

2 ④ 요기 베라는 다른 야구 선수들에 비해 작은 172.7cm의 키를 가졌어요.

3 ③ ㉠은 포기하지 않고 계속 노력하는 자세의 중요성에 대한 교훈을 주고 있어요. 반칙을 사용하여 경기에 승리하는 것은 이와 거리가 멀어요.

4 ⑤ 박세리 선수의 명언은 계속 반복하여 연습하는 노력의 중요성과 할 수 있다는 믿음의 중요성을 강조하고 있어요. 그러므로 목표를 이루기 위해서는 노력뿐만 아니라 자신을 믿는 태도도 중요하다고 할 수 있어요.

▶ 실생활 문해력 – 명언과 속담, 무엇이 달라요? ◀

▪ 글의 종류 대화
▪ 글의 주제 명언과 속담의 차이

1 ④ 명언은 연설이나 인터뷰 등에서 탄생하기도 하고, 남겨진 기록을 통해 알려지기도 한다고 했어요.

2 (가) '지성이면 감천'이란 '정성이 지극하면 하늘도 감동하게 된다는 뜻으로, 무슨 일에든 정성을 다하면 아주 어려운 일도 순조롭게 풀리어 좋은 결과를 맺는다는 말.'이에요.

(다) '개구리 올챙이 적 생각 못 한다'는 '형편이나 사정이 전에 비하여 나아진 사람이 지난날의 미천하거나 어렵던 때의 일을 생각지 아니하고 처음부터 잘난 듯이 뽐냄을 비유적으로 이르는 말.'이에요.

**오답풀이** (나) '때 빼고 광 내다'란 '몸치장을 하고 멋을 내다.' 라는 뜻의 관용구예요.

(라) '내 사전에 불가능이란 단어는 없다'란 나폴레옹이 했다고 전해지는 명언이에요.

3 ⑤ 〈보기〉의 글은 온라인상에 퍼진 가짜 명언에 대해 이야기하고 있어요. 가짜 명언은 그 사람이 한 말이 아님에도, 마치 그 사람이 남긴 말처럼 퍼져 나가요. 그러므로 명언을 살펴볼 때에는 정말로 그 인물이 한 말이 맞는지 출처 등을 확인하는 자세가 필요해요.

**오답풀이** ① 온라인상에 가짜 명언이 많이 퍼져 있다고 했을 뿐, 온라인상의 모든 명언이 가짜라는 것은 아니에요.

② 명언은 위인이나 유명인이 한 교훈을 주는 말로, 누가 한 말인지 또한 중요해요.

③ 명언은 누가 한 말인지 분명하게 밝혀져 있어요.

④ 온라인상에 퍼진 명언에는 출처를 알 수 없는 가짜 명언이 많으므로 확인 후 사용해야 해요.

4 ③ '전해'란 '후대나 당대에 이어지거나 남겨져.'라는 뜻이에요. 이와 바꾸어 쓸 수 있는 낱말은 '이어져'예요.

**쉬어가기**

빈털터리(○), 빈털털이(✕)

친구들에게 오늘 '빈털터리'라고 말한 적이 있나요? '빈털터리'란 '재산을 다 없애고 아무것도 가진 것이 없는 가난뱅이가 된 사람.'을 뜻해요. '빈털털이'라고 쓰는 경우가 많지만 '빈털터리'가 올바른 표기예요.

### 오늘의 퀴즈

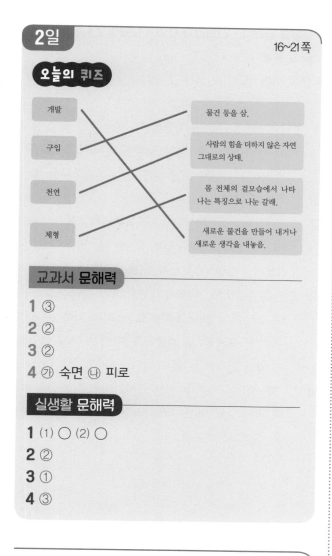

개발 ── 새로운 물건을 만들어 내거나 새로운 생각을 내놓음.

구입 ── 물건 등을 삼.

천연 ── 사람의 힘을 더하지 않은 자연 그대로의 상태.

체형 ── 몸 전체의 겉모습에서 나타나는 특징으로 나눈 갈래.

### 교과서 문해력

**1** ③

**2** ②

**3** ②

**4** ㉮ 숙면 ㉯ 피로

### 실생활 문해력

**1** (1) ○ (2) ○

**2** ②

**3** ①

**4** ③

▶ 교과서 문해력 - 좋은 베개, 나쁜 베개? ◀

**﹅ 글의 종류** 생활에서 쓰는 글

**﹅ 글의 주제** 알맞은 베개 선택법

**1** ③ 베개는 너무 푹신하거나 너무 딱딱하지 않아야 해요.

**2** ② '구부정해지면서'와 비슷한 뜻을 가진 낱말은 '휘어지면서'예요. 이는 '꼿꼿하던 물체가 구부러지면서.'를 뜻해요.

> **오답풀이** ① '곧아지면서'란 '굽거나 비뚤어지지 아니하고 똑바르게 되면서.'를 뜻해요.
> ③ '뻣뻣해지면서'란 '겉으로 보기에 비뚤어지거나 굽은 데가 없게 되면서.'를 뜻해요.
> ④ '꼿꼿해지면서'란 '물체가 굳고 꼿꼿해지면서.'를 뜻해요.
> ⑤ '반듯해지면서'란 '작은 물체 또는 생각이나 행동 등이 비뚤어지거나 기울거나 굽지 않게 되면서.'를 뜻해요.

**3** ② 스마트폰 화면에 알맞은 베개의 특징이 나타나 있으므로 ㉡에 들어갈 말로 '좋은 베개를 고르는

방법'이 알맞아요.

**4** 3문단에는 국화 베개와 메모리 폼 베개가 제시되어 있어요. 국화 베개는 숙면에 도움을 주는 베개이고, 메모리 폼 베개는 피로가 빨리 풀린다고 하는 베개예요.

▶ 실생활 문해력 - 꿈속의 세상을 그리다 ◀

**﹅ 글의 종류** 백과사전

**﹅ 글의 주제** 《몽유도원도》

**1** (1) ○ 《몽유도원도》를 그린 사람은 안견이에요.

(2) ○ 《몽유도원도》는 '꿈속의 도원'을 뜻해요.

> **오답풀이** (3) 조선 시대 안평 대군의 명을 받고 그렸다는 점에서 대략적인 시기를 추측해볼 수는 있지만, 《몽유도원도》가 그려진 구체적인 연도가 제시되지는 않았어요.

**2** ② 작품의 왼쪽은 현실에 있을 법한 산, 오른쪽은 꿈속의 도원이 그려져 있어 현실 세계와 이상향의 공간이 대비를 이루고 있어요.

> **오답풀이** ① 그림의 오른쪽에는 복숭아꽃이 핀 바위산이 그려져 있어요.
> ③ 그림의 가운데는 꿈속의 도원인 바위산으로 들어가는 길이 그려져 있어요.
> ④ 그림의 오른쪽에 위치한 바위산은 위에서 내려다 본 것처럼 그려졌어요.
> ⑤ 그림의 오른쪽에는 이상향의 공간인 바위산이 그려져 있어요. 즉, 실제 산을 본떠 그린 것이 아니에요.

**3** ① 안견은 3일 만에 그림을 완성하였어요.

**4** ③ '산수화'란 '동양화에서, 산과 물이 어우러진 자연의 아름다움을 그린 그림.'을 말해요. 즉, 자연의 경치를 그린 그림이에요.

### 쉬어가기

**모둠(○), 모듬(×)**

학교에서 종종 '모둠' 활동을 하지요? '모둠'이란 '초·중등학교에서, 효율적인 학습을 위하여 학생들을 작은 규모로 묶은 모임.'을 뜻해요. 하지만 '모듬'이라고 알고 있는 경우가 많아요. '모둠'이 맞답니다.

## 3일

22~27쪽

### 오늘의 퀴즈

감염, 박탈, 판정, 향상

### 교과서 문해력

1 양성과 음성의 차이
2 ①
3 (1) 악성 (2) 악성 (3) 양성
4 ①

### 실생활 문해력

1 ⑤
2 ②
3 ②
4 ①

▶ 교과서 문해력 - 그래서 검사 결과는요 ◀

• 글의 종류 설명하는 글
• 글의 주제 양성과 음성, 악성과 양성

1 ㉠ 이후로 양성과 음성이 무엇을 뜻하는지에 대해 설명하고 있어요. 따라서 ㉠에는 '양성과 음성의 차이' 가 들어가는 것이 알맞아요.

2 ① 예방 접종은 바이러스 여부를 검출하기 위해서나 금지 약물 사용 여부 등을 조사하기 위해 실시하는 것이 아니에요. 즉, 양성과 음성이라는 표현이 쓰이지 않아요.

3 (1) 우리 몸의 종양을 검사할 때에는 양성과 악성이라는 표현을 사용해요.
(2) 몸에 악성 종양이 있다는 것은 암에 걸렸다는 것을 의미해요.
(3) 양성 종양은 모양에 변화가 없다면 떼어내지 않아도 돼요.

4 ① 스테로이드는 도핑 테스트로 검출할 수 있기 때문에, 벤 존슨은 검사를 통해 스테로이드를 투약한 사실이 밝혀져 금메달을 박탈당했어요.

▶ 실생활 문해력 - 신체검사 결과가 나왔어요 ◀

• 글의 종류 가정 통신문
• 글의 주제 신체검사 결과 안내

1 ⑤ 이 가정 통신문은 학생의 키, 몸무게의 측정 결과와 시력 및 소변 검사 결과를 안내하고 있어요. 즉, 학생의 신체 발달 상황 및 검사 결과를 알리기 위함이에요.

2 ② 표준 체중을 계산하는 공식은 (키-100)×0.9예요. 이에 따라 ㉠에 들어 갈 표준 체중은 (150.1-100)×0.9=45.09kg이에요.

3 ② 한쪽 눈이라도 시력이 0.7 이하이면 안경을 쓰거나 교체해야 한다고 했어요. 소희는 왼쪽 눈 시력이 0.8, 오른쪽 눈 시력이 1.5이므로 이에 해당하지 않아요.

4 ① '회신해' 는 '편지, 전신, 전화 따위로 회답을 하여.' 라는 뜻이에요. 이와 바꾸어 쓸 수 있는 낱말은 '답장해' 예요.

### 쉬어가기

흐리멍덩하다(○), 흐리멍텅하다(×)

'정신이 맑지 못하고 흐림.' 등을 뜻하는 말은 '흐리멍덩하다' 예요. 지금까지 '흐리멍텅하다' 로 알고 있었다면, 지금부터는 '흐리멍덩하다' 로 올바르게 사용해 봐요.

오늘의 퀴즈

1 협정　　　2 함성
3 제안　　　4 칭호

교과서 문해력

1 (다) → (나) → (라) → (마)
2 ⑤
3 ①
4 공급, 제공

실생활 문해력

1 ③
2 (1) ○ (2) ○ (3) ✕
3 ④
4 ⑤

뜻해요. 이와 비슷한 뜻을 가진 낱말은 '공급', '제공'이에요. '공급'은 '요구나 필요에 따라 물품 등을 제공함.'을 뜻하고, '제공'은 '무엇을 내주거나 갖다 바침.'을 뜻해요.

오답 풀이 '수요'란 '반드시 요구되는 바가 있음.'을 뜻해요.

▶ 실생활 문해력 - 연극과 뮤지컬, 무엇이 다를까? ◀
• 글의 종류 블로그 게시 글
• 글의 주제 연극과 뮤지컬의 차이

1 ③ 글쓴이는 연극과 뮤지컬의 차이점을 설명하고 있어요. 즉, 연극과 뮤지컬에 차이가 있다고 생각하고 있음을 알 수 있어요.
2 (1) ○ 연극이 고대부터 존재했던 반면, 뮤지컬은 비교적 현대에 나타났다고 했어요.
(2) ○ 뮤지컬은 배역의 성격과 역할을 드러내기 위해 유독 진한 화장을 한다고 했어요.
(3) ✕ 연극은 말하고자 하는 바를 배우의 대사와 행동을 통해 이야기하고, 뮤지컬은 배우의 노래나 음악으로 이야기한다고 했어요.
3 ④ '상연하는'은 '연극, 음악, 무용 등의 공연을 무대에서 관객에게 보이는.'을 뜻해요. 그러나 '개막하는'은 '연극, 음악회, 행사 등을 시작하는.'이라는 뜻으로, 유의 관계가 아니에요.
4 ⑤ 이 글은 소설을 바탕으로 한 뮤지컬과, 뮤지컬을 바탕으로 한 영화를 소개하고 있어요. 그러나 소설과 뮤지컬 중 어느 것이 더 예술성이 뛰어난지에 대한 평가는 나타나 있지 않아요.

▶ 교과서 문해력 - 걸리버 여행기 | 조너선 스위프트 ◀
• 글의 종류 극본
• 글의 주제 걸리버 여행기

1 순서대로 '(가) → (다) → (나) → (라) → (마)'예요. 걸리버는 항해하던 중, 폭풍을 만나 조난을 당했어요. 그리고 잠에서 깨어난 걸리버는 자신의 몸이 묶여 있는 것을 깨달았어요. 릴리펏 사람들은 걸리버의 입에 음식물을 넣어 주었고, 릴리펏 국왕은 전쟁을 끝내기 위해 걸리버에게 도움을 요청했어요. 전쟁을 끝낼 수 있도록 릴리펏을 도운 걸리버는 '나닥'이라는 칭호를 받았어요.
2 ⑤ 걸리버가 소인들에게 겁을 먹었다는 묘사는 이 극본에 나타나 있지 않아요. 오히려 걸리버의 재채기 소리에 소인들이 도망치는 모습을 연기할 때, 소인들이 걸리버에게 겁을 먹은 것처럼 표현하면 좋아요.
3 ① 릴리펏을 도와 전쟁을 끝낸 걸리버는 국왕에게 고향으로 돌아갈 수 있도록 도와달라고 했어요. 이에 따라 뒷이야기로 걸리버가 릴리펏을 어떻게 떠나는지에 관한 이야기가 이어질 수 있어요.
4 '조달'이란 '필요한 물건이나 돈 등을 대어 줌.'을

쉬어가기

엔간히(○), 웬간히(✕)

'엔간히'라는 말을 들어 본 적이 있나요? "거짓말을 해도 '엔간히' 해야지 너무하지 않니?"와 같이 사용하는데요. '엔간히'란 '어림잡아 헤아려 보아 정도가 표준에 꽤 가깝게.'를 뜻해요. '웬간히'는 틀린 표기라는 사실을 잊지 마세요.

정답과 해설

## 5일
34~39쪽

### 오늘의 퀴즈

소외, 반영, 감소, 중증

### 교과서 문해력

1 ①
2 ⑤
3 ③
4 ③

### 실생활 문해력

1 (3) ○
2 ③
3 ✗
4 ②

---

▶ 교과서 문해력 - 모두를 위한 디자인 ◀

• **글의 종류** 주장하는 글

• **글의 주제** 유니버설 디자인

.................................................

1 ① 유니버설 디자인은 사회적 약자뿐만 아니라 성별, 국적, 나이에 관계없이 모든 사람을 고려한 디자인이에요.

2 ⑤ 로널드 메이스는 몸이 불편해 계단을 이용할 때마다 누군가의 도움을 받아야 했어요. 이 경험을 통해 그는 아름답고 독창적인 디자인보다 누구나 사용하는 데 불편함이 없는 디자인이 더욱 중요하다는 것을 깨달았을 것이라 추측할 수 있어요.

3 ③ 유니버설 디자인은 모든 사람이 편리하게 사용할 수 있도록 고려한 디자인이에요. 자외선을 차단하여 눈부심을 줄여 주는 창문은 특별히 유니버설 디자인이 반영되었다고 보기 어려워요.

   **오답 풀이** ① 국적에 관계없이 모두가 사용할 수 있도록 고려한 제품이에요.

   ② 시력이 안 좋은 사람을 고려한 제품이에요.

   ④ 다양한 체형을 가진 사람들을 고려한 제품이에요.

   ⑤ 시각 장애인을 고려한 제품이에요.

4 ③ 고령화 사회로 접어들며 주택 내부에까지 유니버

설 디자인을 적용할 필요성이 높아지고 있지만, 아직 우리나라는 법제화되지 않았다고 했어요. 유니버설 디자인이 장기적으로 볼 때 사회적 부담을 줄일 수 있으므로 법률로 제정되도록 힘을 모아야 한다는 것이 글쓴이의 주장으로 알맞아요.

▶ 실생활 문해력 - 공모전에 참여해요 ◀

• **글의 종류** 광고

• **글의 주제** 디자인 공모전 광고

.................................................

1 (3) ○ 이 광고는 유니버설 디자인 7원칙이 적용된 디자인을 찾아 다양한 사용자를 고려해 모두를 위한 디자인 제품을 만들기 위함이에요.

2 ③ 공모전에 참여하려면 접수 일정에 맞춰 마감일 18시까지 접수해야 해요.

3 '단순함'이란 '그림과 소리, 촉감 등을 이용해 필수적인 정보를 간단하게 전달해야 함.'을 말해요. '오류 감안'이란 '위험하거나 실수를 저지를 수 있는 오류가 최소화되도록 해야 함.'을 말해요. '공평한 사용'이란 '최대한 모든 사용자가 동일한 방법으로 사용할 수 있어야 함.'을 말해요.

4 ② '보편적'이란 '모든 것에 두루 미치거나 통하는 것.'을 뜻해요.

---

### 쉬어가기

**켕기다(○), 캥기다(✗)**

'켕기다'란 '마음속으로 겁이 나고 탈이 날까 불안해함.'을 뜻하는 말이에요. '켕기는 구석이 있다.'와 같이 사용하고는 해요. 하지만 '켕'이라는 글자가 어색하게 느껴져서인지 '캥기다'라고 잘못 쓰는 경우가 많아요. 그러나 '켕기다'가 올바른 표기예요.

1일

42~47쪽

## 오늘의 퀴즈

1 절제
2 조절
3 발생
4 효과

## 교과서 문해력

1 휴대폰을 소지하고 있지 않으면 불안함을 느끼는 현상.
2 ④
3 ③
4 (1) × (2) ○

## 실생활 문해력

1 의존
2 ②
3 ②
4 ④

▶ 교과서 문해력 - 휴대폰 없이는 못 살아 ◀

❝ 글의 종류 생활에서 쓰는 글
❝ 글의 주제 노모포비아

1 이 글의 '지호'는 휴대폰을 잠들기 전까지 사용하고, 심지어 화장실에 갈 때조차 휴대폰을 가져가고 있어요. 이를 통해 '노모포비아'란 '휴대폰을 소지하고 있지 않으면 불안함을 느끼는 현상.'을 뜻함을 추측할 수 있어요.

2 ④ 친구와의 대화 수단으로 휴대폰을 사용하는 것은 휴대폰을 용도에 맞게 사용하는 것으로, '지호'의 '노모포비아' 증상을 나타내는 행동이라고 볼 수는 없어요.

3 ③ 이 글에서 '나'는 '지호'의 휴대폰에 사용 시간을 조절할 수 있는 앱을 내려받고 게임 앱의 설정에 들어가 알림을 꺼 버렸어요. 사용 시간을 조절할 수 있는 앱 덕분에 게임 앱에서 알림이 오지 않은 것은 아니에요.

지도Tip | 휴대폰에 울리는 알림을 자꾸 확인하다 보면 자연스레 휴대폰 사용 시간이 늘어나게 돼요. 따라서 알림을 꺼 버리는 것이 휴대폰 사용 시간을 줄이는 방법 중 하나임을 가르쳐 주세요.

4 (1) × 성별에 따라 남학생은 게임 중독, 여학생은 SNS 중독 위험군에 속하는 경우가 많다고 했어요. 즉, 성별에 따라 휴대폰에 다른 중독 유형을 보이고 있음을 알 수 있어요.

(2) ○ 스트레스가 많을수록, 친구 관계가 좋지 않을수록, 부모님이 맞벌이일수록 휴대폰에 의존할 가능성이 높다고 했어요.

▶ 실생활 문해력 - 나도 혹시 디지털 치매? ◀

❝ 글의 종류 인터넷 게시 글
❝ 글의 주제 디지털 치매

1 디지털 치매는 휴대폰과 같은 디지털 기기에 너무 의존하는 바람에 계산 능력, 암기력 등이 떨어지는 현상을 말해요.

2 ② 아침에 엄마가 깨워 주지 않으면 일어나지 못하는 것은 디지털 치매의 증상과 관련이 없어요. 디지털 치매는 무언가를 직접 계산하거나 외우는 것에 어려움을 느끼는 증상이 나타나요.

3 ② '검색할'은 '책이나 컴퓨터에서, 목적에 따라 필요한 자료들을 찾아낼.'을 뜻해요. '가르칠'은 '지식이나 기능, 이치 따위를 깨닫게 하거나 익히게 할.'을 뜻하는 것으로, 이와 바꾸어 쓸 수 없어요.

4 ④ 글쓴이는 '디지털 치매 자가 진단표'를 파일로 첨부해 두었다고 했어요. 디지털 치매를 어떻게 진단할 수 있는지 묻는 것은 알맞지 않아요.

## 쉬어가기

억지(○), 어거지(×)

'잘 안될 일을 무리하게 기어이 해내려는 고집.'을 뜻하는 말은 '억지'예요. '어거지'는 틀린 표기이니 헷갈리지 마세요.

정답과 해설

## 2일

48~53쪽

### 오늘의 퀴즈

1 섭취  　　　　　　2 요인
3 분비  　　　　　　4 불쾌

### 교과서 문해력

1 대중교통
2 ③
3 ①
4 ④

### 실생활 문해력

1 ⑤
2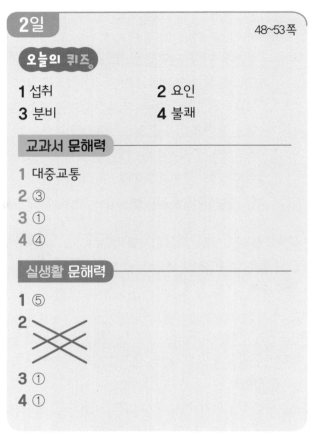
3 ①
4 ①

▶ 교과서 문해력 - 냄새가 나는 까닭 ◀

❝ 글의 종류 설명하는 글
❝ 글의 주제 냄새의 원인이 되는 유전자

1 이 글은 유전자가 땀 냄새에 미치는 영향에 대해 설명하고 있어요. '대중교통'은 이 글의 중심 내용과 관련이 없어요.

2 ③ 암내에는 유전자가 미치는 영향이 가장 크다고 했어요. 이는 선천적으로 타고난 요인이에요.

3 ① 땀 냄새를 가리기 위해 향수를 많이 뿌리는 방법은 이 글에 언급된 냄새 관리 방법이 아니에요. 이 글에는 냄새 제거제 등을 사용하는 방법이 나타나 있어요.

지도Tip | 향수는 호불호가 갈리는 인공적인 화장품이기 때문에 향수를 너무 많이 뿌릴 경우, 옆 사람에게 불쾌감을 줄 수 있다는 점을 가르쳐 주세요.

4 ④ 암내의 원인은 화학 물질을 분비하는 아포크린 땀샘에 있어요. A 유전자를 가진 사람은 아포크린 땀샘에서 땀이 적게 분비되고, G 유전자를 가

진 사람은 아포크린 땀샘에서 땀이 활발하게 분비돼요. 즉, G 유전자를 가진 사람은 암내가 날 가능성이 높아요. 한국인은 G 유전자를 가진 사람의 비율이 2% 정도로 적고, G 유전자가 아예 섞이지 않은 AA 유전자를 가진 사람도 세계에서 가장 많아요. 그래서 한국인은 세계에서 가장 불쾌한 냄새가 나지 않는 인종이라고도 볼 수 있어요.

▶ 실생활 문해력 - 얼룩을 지우는 다양한 방법 ◀

❝ 글의 종류 동영상
❝ 글의 주제 다양한 얼룩 세탁 방법

1 ⑤ 이 동영상은 얼룩에 따라 달라지는 세탁 방법을 안내하고 있어요.

2 '잉크'는 물파스로 얼룩을 톡톡 두드려 미지근한 물에 헹구어 세탁해요. '핏자국'은 과산화수소수를 옷에 떨어뜨린 다음 찬물에 비벼서 세탁해요. '김치 국물'은 주방 세제로 얼룩을 문질러 세탁해요. '과일 주스'는 소금물에 옷을 담가 놓았다가 세탁해요.

3 ① 이 동영상은 다양한 상황에서 만들어진 얼룩을 저마다의 방법으로 지우는 방법에 대해 소개하고 있어요. 그러나 옷에 얼룩이 생기면 세탁 세제를 사용해서는 안 된다는 내용이 나타나 있지는 않아요. 오히려 핏자국이 묻었을 때 세탁 세제를 이용하는 방법도 제시되어 있어요.

4 ① ㉠에 사용된 '담가'는 '액체 속에 넣어.'를 뜻해요. 하지만 ㉡의 '담가'는 '김치, 장, 젓갈 등의 음식이 발효되거나 익도록 재료를 뒤섞어 그릇에 넣어 두어.'를 뜻해요.

오답풀이 ②, ③, ④, ⑤ 모두 '액체 속에 넣음.'이라는 뜻으로 사용되었어요.

### 쉬어가기

굳이(○), 구지(×)

'굳이'와 '구지'는 헷갈리는 사람들이 정말 많아요. '고집을 부려 구태여.' 등을 뜻하는 말은 '굳이'랍니다. 발음은 [구지]로 하지만, '굳이'로 표기해야 함을 잊지 마세요.

## 오늘의 퀴즈

특이, 훼방, 의문, 중단

### 교과서 문해력

1 하루살이의 생애

2 (1) 1cm (2) 서른 번 (3) 성충

3 ④

4 ①

### 실생활 문해력

1 (1) ○ (2) × (3) ○

2 (라) → (다) → (나) → (마)

3 ③

4 (1) × (2) ○

---

▶ 교과서 문해력 - 하루살이의 마지막 날개짓 ◀

❛ **글의 종류** 이야기

❛ **글의 주제** 하루살이의 생애

---

1 이 글에서는 하루살이가 어떻게 태어나고 죽는지에 대해 대화를 나누고 있어요.

2 (1) 성충이 된 하루살이의 크기는 약 1cm예요.

(2) 하루살이는 성충이 되기 전 서른 번 탈피해요.

(3) 하루살이는 성충이 된 뒤 짧은 수명을 가져 붙여진 이름이에요.

**지도TiP** ┃ 유충은 알에서 부화한 뒤 아직 다 자라지 않은 벌레, 즉 애벌레 상태를 뜻하는 말임을 가르쳐 주세요.

3 ④ ㉠에서 거북이는 하루살이에게 "하루밖에 못 살아서 '하루살이'야?"라고 물었어요. 그리고 하루살이의 표정이 시무룩해지자, 하루살이의 눈치를 보았어요. 여기에서 짐작할 수 있는 거북이의 마음은 '미안함.'이에요. ㉡에서 거북이는 이미 물속에서 하루살이와 만났을지도 모른다며 신기해하고 있어요.

4 ① ㉢의 '내려앉다'는 '먼지, 새, 비행기 등이 아래로 내려와 앉음.'의 뜻으로 사용되었어요.

---

▶ 실생활 문해력 - 맴맴, 매미의 한살이 ◀

❛ **글의 종류** 백과사전

❛ **글의 주제** 매미의 생애

---

1 (1) ○ 성충이 된 수컷 매미는 배의 근육과 막을 움직이며 '맴맴' 소리를 내요.

(2) × 매미의 유충은 오랜 시간 흙 속에서 나무뿌리의 즙을 먹으며 살아가요. 즉, 땅 표면이 아닌 땅속에서 서식해요.

(3) ○ 매미 성충은 약 한 달 정도 살아가요. 즉, 성충으로서의 수명은 약 30일 내외에 불과해요.

2 순서대로 '(가) → (라) → (다) → (나) → (마)'예요. 매미 유충은 나무뿌리의 즙을 먹으며 살아가다 특정 온도에 도달하면 땅 위로 나와 탈피하기 시작해요. 그후 수컷 매미는 암컷 매미를 유인하기 위해 울음소리를 내고, 수컷 매미와 암컷 매미는 짝짓기를 진행해요. 짝짓기가 끝나면 수컷 매미는 생을 마감하고, 암컷 매미는 산란 후 생을 마쳐요.

3 ③ 암컷 매미가 찾아온 뒤 짝짓기를 한 후의 내용이 이어지므로, 앞의 문장에 덧붙이는 내용이 이어질 때에 쓰는 '그리고'가 알맞아요.

4 (1) × 매미는 낮은 온도에서는 활동이 줄어들고, 날씨가 따뜻해지면 울음을 내기 시작한다고 했어요. 따라서 시골보다 도시의 기온이 더 높다면 도시에서의 매미 소리가 더 우렁찰 것이라고 추측할 수 있어요.

(2) ○ 매미는 외부 온도가 낮은 비가 오는 날에는 활동하지 않지만, 비가 내리는 중이라도 기온이 높다면 매미의 울음소리를 들을 수 있을 것이라 추측할 수 있어요.

---

### 쉬어가기

**부리나케(○), 불이나케(×)**

지각을 할까 봐 '부리나케' 달려간 적이 있나요? '서둘러서 아주 급하게.'를 뜻하는 말은 '부리나케'예요. 불이 나서 급하게 달려가는 모습에서 연상하여 '불이나케'라고 쓰는 경우가 있지만 '부리나케'가 올바른 표기예요.

정답과 해설

## 4일

60~65쪽

### 오늘의 퀴즈

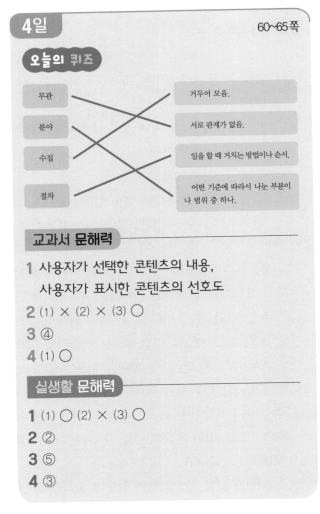

| 무관 | — | 거두어 모음. |
| 분야 | — | 서로 관계가 없음. |
| 수집 | — | 일을 할 때 거치는 방법이나 순서. |
| 절차 | — | 어떤 기준에 따라서 나눈 부분이나 범위 중 하나. |

### 교과서 문해력

1 사용자가 선택한 콘텐츠의 내용,
　사용자가 표시한 콘텐츠의 선호도

2 (1) × (2) × (3) ○

3 ④

4 (1) ○

### 실생활 문해력

1 (1) ○ (2) × (3) ○

2 ②

3 ⑤

4 ③

▶ 교과서 문해력 - 추천 알고리즘의 세계 ◀

• **글의 종류** 설명하는 글
• **글의 주제** 추천 알고리즘

1 추천 알고리즘은 내가 어떤 종류의 콘텐츠를 보았고, 얼마나 오랫동안 봤는지, 내가 '좋아요'와 '싫어요' 혹은 '관심 없음' 표시를 한 콘텐츠에 따라 새로운 콘텐츠를 추천해요.

2 (1) × 오늘날 알고리즘은 수학적 분야 및 컴퓨터 프로그램과 같은 수학과 동떨어진 분야에서도 사용되고 있어요.

　(2) × 소셜 미디어를 많이 이용할수록 수집할 수 있는 정보가 그만큼 증가하므로, 추천 알고리즘의 정확도는 훨씬 높아져요.

　(3) ○ 사용자가 '좋아요'와 '싫어요' 혹은 '관심 없음'을 자주 표시하면, '좋아요' 표시를 한

콘텐츠와 비슷한 내용의 콘텐츠가 자주 노출돼요. 따라서 알고리즘의 정확도는 사용자가 제공하는 데이터의 양과 질에 따라 달라질 수 있어요.

3 ④ 추천 알고리즘은 사용자가 편향된 시각을 지니게 하여 정보의 편식 현상을 불러일으킬 수 있어요.

4 (1) ○ '양날의 칼'이란 날카로운 부분이 양쪽에 있는 칼로, 적에게 위협이 되는 동시에 자기에게도 위협이 될 수 있다는 것을 말해요. 이와 비슷한 뜻을 가진 사자성어는 '일장일단'이에요.

▶ 실생활 문해력 - 나도 해시태그 달 수 있어! ◀

• **글의 종류** SNS
• **글의 주제** 해시태그

1 (1) ○ 해시태그는 특정 낱말이나 문구 앞에 '샤프 기호(#)'를 붙여 쓴다고 했어요.

　(2) × 해시태그의 역사는 나타나 있지 않아요.

　(3) ○ 해시태그는 게시 글에 꼬리표를 다는 기능으로, 이를 이용하면 내가 원하는 정보를 쉽고 빠르게 찾을 수 있다고 했어요.

2 ② 루게릭병에 대한 관심을 모으기 위해 해시태그를 이용하는 것에서 중요한 메시지를 전할 수 있음을 알 수 있어요.

3 ⑤ (나)의 글쓴이가 상상했던 것보다 워토우가 부드럽고 촉촉하다고 했으므로, 워토우가 먹기 편한 식감인 것 같아 흥미롭다는 댓글은 적절해요.

**오답 풀이** ① 입장을 위해 한 시간이나 기다렸지만, 평일이라 그나마 짧은 편이라고 했어요. 즉, 주말보다는 평일에 방문해야 시간을 절약할 수 있어요.

② 당근 주스의 맛이 별로라 아쉽다고 했어요.

③ 동물원 내에 있는 작은 영화관에서 판다가 주인공인 애니메이션을 보았다고 했어요. 가족들과 만화 영화를 보러 영화관에 간 것은 아니에요.

④ 인주동물원에는 판다 가족이 있지만, 몇 마리가 있는지는 이 글에 나타나 있지 않아요.

4 ③ 인주동물원에 가는 방법은 나타나 있지 않아요.

### 쉬어가기

폭발(○), 폭팔(×)

　'불이 일어나며 갑작스럽게 터짐.' 등을 뜻하는 낱말은 '폭발'이에요. '폭팔'이 아니에요.

**오늘의 퀴즈**

1 실현　　　　　2 독립
3 공정　　　　　4 정의

**교과서 문해력**

1 ⑤
2 ⑤
3 (1) × (2) ○
4 중립

**실생활 문해력**

1 ④
2 (3) ○
3 ⑤
4 ②

---

▶ 교과서 문해력 - 법과 정의의 여신, 아스트라이아 ◀

• **글의 종류** 설명하는 글
• **글의 주제** 아스트라이아와 정의의 여신상

1 ⑤ 아스트라이아가 손에 든 칼은 정의를 실현하기 위해서는 강력한 힘이 필요하다는 것을 나타내요. 이는 엄격하게 법을 집행하겠다는 것을 상징해요.

2 ⑤ ⑩ '법관'은 '법원에 소속되어 각종 사건이나 소송을 법에 따라 해결하거나 조정하는 권한을 가진 사람.'으로 공정한 판결을 하는 사람을 말해요.

**오답 풀이** ①, ②, ③, ④ 모두 아스트라이아를 가리켜요.

3 (1) × 공정한 재판을 위해 사법권의 독립을 보장하여 법관은 외부의 압력과 영향에서 자유로워요.

(2) ○ 우리나라의 정의의 여신상은 서양의 정의의 여신상과는 다르게 무궁화로 장식된 의자에 앉아 있으며 한복을 입고 있고, 헝겊으로 눈을 가리지 않았다고 했어요. 즉, 정의의 여신상의 모습은 나라에 따라 다르게 나타나기도 함을 알 수 있어요.

**지도Tip** 우리나라 정의의 여신상의 눈을 가리지 않은 까닭은 눈을 뜨고 법전을 봄으로써 더욱 공정한 판결을 내리기 위해서라는 해석이 존재한다는 사실을 가르쳐 주세요.

4 '어느 한쪽에 치우치지 않고 중간 입장에서 섬. 또는 그런 태도.'를 뜻하는 낱말은 '중립'이에요.

▶ 실생활 문해력 - 돌기둥에 새겨진 법전, 함무라비 법전 ◀

• **글의 종류** 온라인 대화방
• **글의 주제** 함무라비 법전

1 ④ 함무라비 왕은 나라의 기틀을 다지고 원활히 통치하기 위해 함무라비 법전을 만들었어요.

2 (3) ○ ⑦의 '눈에는 눈, 이에는 이'는 해를 입은 그대로 되갚음하는 것을 말해요. 이와 비슷한 뜻을 가진 사자성어는 '자업자득'이에요.

3 ⑤ ⓛ '약자를 보호하는 조항'으로 '농민의 생활에 필요한 농사용 소는 빚을 갚는 용도로 압수할 수 없다.'라는 조항을 예로 들 수 있어요. 이 조항은 농민이 최소한의 의식주를 해결할 수 있는 방법을 잃지 않도록 도와주는 조항이에요.

4 ② 이 대화에는 '귀족이 귀족의 눈을 멀게 하면 그의 눈도 멀게 한다.' 등의 조항이 제시되어 있어요. 이러한 조항을 보고 함무라비 왕이 범죄자의 처벌에 대해 온건한 입장을 지니고 있는지는 알 수 없어요. '온건한'이란 '생각이나 말 또는 행동이 급하거나 과격하지 않은.'을 뜻해요.

**쉬어가기**

개방정(○), 깨방정(×)

'온갖 점잖지 못한 말이나 행동을 낮잡아 이르는 말.'은 '개방정'이에요. '깨방정'이 더 익숙하지요? 하지만 '개방정'이 올바른 표기예요.

# 3주

## 1일

74~79쪽

### 오늘의 퀴즈

**1** 기관      **2** 개최
**3** 관리      **4** 주목

### 교과서 문해력

**1** ㉮ 도화서 ㉯ 풍속화
**2** ③
**3** ⑤
**4** ②

### 실생활 문해력

**1** ②
**2** (1) × (2) × (3) ○
**3** (나) → (다) → (바) → (라) → (마)
**4** ②

▶ 교과서 문해력 - 백성들의 삶을 그린 화가 ◀

◂ **글의 종류** 이야기
◂ **글의 주제** 김홍도의 생애

**1** 김홍도는 도화서의 화원이 되어 궁궐에서 그림을 그렸어요. 그리고 백성들의 삶을 담은 풍속화를 그리기도 했지요.

**2** ③ 김홍도가 백두산을 그렸다는 내용은 이 글에 나타나 있지 않아요.

**3** ⑤ 〈보기〉에서는 김홍도와 신윤복의 화풍의 차이에 대해 이야기하고 있어요. 누구의 실력이 더 훌륭한지를 이야기하는 것은 아니에요.

**4** ② '불호령'이란 '몹시 심하게 하는 꾸지람.'을 뜻해요. 이는 '걱정'과는 바꾸어 쓸 수 없어요.

**오답 풀이** ① '야단'이란 '소리를 높여 마구 꾸짖는 일.'을 뜻해요.
③ '타박'이란 '허물이나 결함을 나무라거나 핀잔함.'을 뜻해요.
④ '꾸지람'이란 '아랫사람의 잘못을 꾸짖는 말.'을 뜻해요.
⑤ '큰소리'란 '목청을 돋워 가며 야단치는 소리.'를 뜻해요.

▶ 실생활 문해력 - 한국의 화가, 이중섭 ◀

◂ **글의 종류** 신문 기사
◂ **글의 주제** 이중섭의 생애

**1** ② 이 신문 기사는 이중섭의 작품을 감상할 수 있는 특별전이 다음 달 1일에 개최된다는 사실을 알리기 위해서 쓴 기사예요.

**2** (1) × 이중섭은 서양화를 그린 작가예요.
(2) × 이중섭은 일본인 여성과 결혼했어요.
(3) ○ 이중섭은 일제 강점기 시절 일본으로 유학을 가서 서양 미술을 공부했어요.

**3** 순서대로 '(가) → (나) → (다) → (바) → (라) → (마)'예요. 1916년 태어난 이중섭은 일본에서 미술을 공부했어요. 그리고 한국으로 건너와 일본인 여성, 마사코와 결혼하여 두 아이를 두었어요. 하지만 6.25 전쟁의 발발로 인해 가족을 일본으로 보내고 그리움과 가난에 시달렸어요. 이중섭은 서울에서 개인전을 개최했지만 그림값조차 제대로 받지 못했고, 40세의 나이로 세상을 떠났어요.

**4** ② 특별전에서는 이중섭의 대표작인 「흰 소」는 만나 볼 수 없다고 했어요. 즉, 이 전시회를 다녀온 사람의 반응으로 「흰 소」에 대해 이야기하는 것은 알맞지 않아요.

### 쉬어가기

주꾸미(○), 쭈꾸미(×)

오늘 저녁 메뉴는 '주꾸미' 볶음일까요? '쭈꾸미' 볶음일까요? '문어과의 연체동물.'을 뜻하는 말은 '주꾸미'예요. 식당에서 '쭈꾸미'라고 잘못 쓰인 경우가 많지만 '주꾸미'가 올바른 표기예요.

## 2일

80~85쪽

### 오늘의 퀴즈

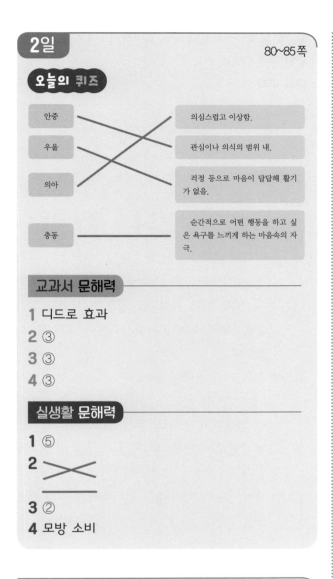

### 교과서 문해력

1 디드로 효과

2 ③

3 ③

4 ③

### 실생활 문해력

1 ⑤

2 ⤬

3 ②

4 모방 소비

---

▶ 교과서 문해력 - 어느 날 지름신이 내려왔다 ◀

• **글의 종류** 생활에서 쓰는 글

• **글의 주제** 디드로 효과

.....................................................

1 이 글은 한 가지 물건을 구입한 후 그 물건과 어울리는 물건을 계속하여 구매하는 현상을 말하는 디드로 효과에 대해 쓴 글이에요.

2 ③ 글쓴이의 오빠는 의자, 스피커, 노트북 거치대, 책상 서랍을 최근 구매했어요. 태블릿 PC는 구매하지 않았어요.

3 ③ 새 물건에 맞춰서 그것과 어울리는 새로운 물건을 계속해서 사게 되는 현상은 실제로 그 물건이 필요한지 여부와 관계없이 구매가 이어지는 현상이에요.

4 ③ 글쓴이의 오빠는 새 물건에 맞춰 다른 물건을 계속하여 구매하고 있어요. 좋아하는 시리즈의 최

근 출간된 책을 구입하는 행동은 글쓴이의 오빠와 비슷한 상황이 아니에요.

▶ 실생활 문해력 - 나의 소비 성향은? ◀

• **글의 종류** 블로그 게시 글

• **글의 주제** 비합리적 소비 성향

.....................................................

1 ⑤ 글쓴이는 비합리적인 소비 성향을 점검해 볼 것을 제안하며, 이에 해당할 경우 씀씀이에 대한 계획을 세우는 법을 알아보자고 했어요. 이는 소비 성향을 파악하고 계획적인 지출을 독려하기 위해 글을 쓴 것이에요.

2 '충동구매'는 '필요하지 않은 물건을 갑자기 가지고 싶어서 구입하는 것.'을 말해요. '모방 소비'란 '누군가를 따라서 물건을 구입하는 것.'을 말해요. '과시 소비'란 '사람들 앞에서 자신의 부와 지위를 보여 주기 위해 구입하는 것.'을 말해요.

3 ② 이 게시 글에 제시한 비합리적 소비 성향에는 충동구매, 모방 소비, 과시 소비가 있어요. 공책을 사러 문구점에 갔다가 인형을 구입한 문정은 충동구매를 한 것이에요.

4 이 대화의 '하린'은 유명 연예인이 신은 운동화를 따라 신으면 자신도 패션 감각이 뛰어나 보일 것 같다고 말하고 있어요. 이는 모방 소비에 해당해요.

---

### 쉬어가기

**본때(○), 본떼(×)**

'본때를 보이다'라는 관용구를 들어봤나요? 이는 '잘못을 다시는 저지르지 아니하거나 교훈이 되도록 따끔한 맛을 보임.'을 뜻해요. 그리고 여기서 사용된 '본때'는 '본보기가 되거나 내세울 만한 것.' 등을 뜻해요. '본떼'가 아니랍니다.

정답과 해설

**3일**

86~91쪽

### 오늘의 퀴즈

상실, 증상, 인정, 극복

### 교과서 문해력

**1** ⑤

**2** ⑤

**3** ⑤

**4** ⑤

### 실생활 문해력

**1** ③

**2** (1) ○ (2) × (3) ○

**3** ②

**4** ④

---

▶ 교과서 문해력 - 가족을 잃었어요 ◀

• **글의 종류** 설명하는 글

• **글의 주제** 펫로스 증후군

---

**1** ⑤ 펫로스 증후군을 극복하기 위해서는 더 이상 반려동물이 없다는 사실을 인정하는 것이 중요하다고 했어요. 즉, 반려동물이 죽었다는 사실을 인정하면 펫로스 증후군이 완화될 수 있어요.

**2** ⑤ 이 글에 나타난 펫로스 증후군에 따른 증상은 우울증, 불면증, 식욕 부진, 소화 불량이에요. 기립성 저혈압은 나타나 있지 않아요.

**3** ⑤ 이 글은 펫로스 증후군이 무엇인지, 어떠한 증상이 나타나는지, 이를 극복하기 위해서는 어떻게 해야 하는지 설명하고 있어요. 이에 4문단에서는 펫로스 증후군을 겪는 이를 바라보는 주변인의 대처법을 덧붙일 수 있어요.

> **오답 풀이** ①, ②, ③, ④ 펫로스 증후군과 큰 관련이 없어 새로운 4문단에 덧붙이기에는 적절하지 않아요.

**4** ⑤ ㉤에 쓰인 '없다'는 '사물이나 사람 등이 실제 존재하지 않는 상태임.'을 뜻하는 말로, 죽음을 의미하는 다른 표현과 차이가 있어요.

---

▶ 실생활 문해력 - 사지 마세요, 입양하세요! ◀

• **글의 종류** SNS

• **글의 주제** 유기 동물

---

**1** ③ (가)에 유기 동물을 위한 모금을 진행한다는 내용은 나타나 있지 않아요.

> **오답 풀이** ① '쫑이'를 발견한 당시 교통사고를 당해 경미한 골절이 있었지만, 지금은 치료를 완료했다고 했어요.
>
> ②, ⑤ 유기 동물의 입양을 돕기 위해 광고를 진행하고 있어요.
>
> ④ '쫑이'는 중성화 수술을 마쳤다고 했어요.

**2** (1) ○ 제시된 그래프에는 2019년을 정점으로 유기 동물 발생이 점차 줄어들고 있어요. 그 까닭을 알기 위해 반려동물 등록제 시행과 유기 동물 발생 추이가 관계가 있는지 알아볼 수 있어요.

(2) × 최근 유기 동물이 줄어드는 추세인 것은 맞지만, 아직 해마다 11만 마리가 넘는 유기 동물이 발생하고 있어요. 동물 보호소에 대한 정부 지원을 없애도 되겠다는 반응은 적절하지 않아요.

(3) ○ 유기 동물이 다시 줄어드는 추세인 것을 보고 동물에 대한 인식이 많이 개선된 듯하다는 추측을 할 수 있어요.

**3** ② (나)의 글쓴이가 이전에도 강아지를 기른 적이 있다는 사실은 나타나 있지 않아요.

**4** ④ '경미한'은 '가볍고 아주 적어서 대수롭지 아니한.'을 뜻해요. '정도에 알맞은.'을 뜻하는 '적당한'과 바꾸어 쓸 수 없어요.

---

### 쉬어가기

방귀(○), 방구(×)

'방귀'를 모르는 친구들은 없지요? '방귀'의 사투리가 '방구'예요. 표준어는 '방귀'랍니다.

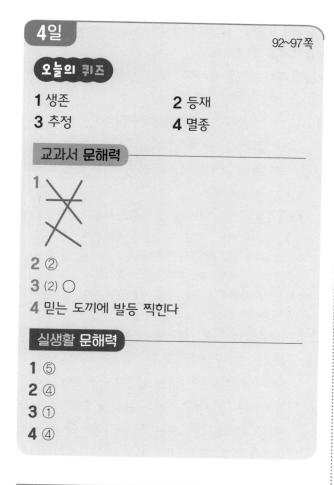

## 4일

92~97쪽

### 오늘의 퀴즈

1 생존  　　2 등재
3 추정  　　4 멸종

### 교과서 문해력

1 

2 ②
3 (2) ○
4 믿는 도끼에 발등 찍힌다

### 실생활 문해력

1 ⑤
2 ④
3 ①
4 ④

---

▶ 교과서 문해력 - 노란 양탄자의 모든 것 ◀

• **글의 종류** 설명하는 글
• **글의 주제** 은행나무와 열매

---

1 1문단에는 은행나무는 멸종 위기종이지만 키우기 어렵지 않은 식물이라는 내용이 나타나 있어요. 2문단에는 천연기념물로 지정된 은행나무가 있다는 내용이 나타나 있어요. 3문단에는 은행나무는 성별이 있으며, 열매의 악취 때문에 최근에는 수나무를 주로 심는다는 내용이 나타나 있어요. 4문단에는 은행나무의 열매에는 독성이 있다는 내용이 나타나 있어요.

2 ② 은행은 예로부터 천식과 기침 등을 예방하는 효과가 있다고 했어요.

**오답풀이** ① 은행나무는 30년이 지나야 열매를 맺기 시작해요. 30년에 한 번씩 열매를 맺는 것은 아니예요.
③ 은행나무의 성별은 DNA 분석을 통해서도 알 수 있지만, 10년 이상 기른 후 알 수 있기도 해요.
④ 은행나무는 화재에도 강한 편이라 불이 번지는 것을 막기 위해 심는 방화수로도 많이 쓰여요.
⑤ 은행나무는 야생에서 자생하는 개체가 아주 적지만, 병충해에 강해 도심에서 잘 자라는 편이라 가로수로 쓰여요.

3 (2) ○ 이 글에서 소개된 경기도 양평 용문사 은행나무는 조선 세종 때 당상관이라는 벼슬까지 받았다고 했어요. 당상관이라는 높은 벼슬을 내릴 정도로 은행나무를 소중히 여겼으리라 짐작할 수 있어요.

4 은행이 몸에 좋다고 생각하여 무작정 먹다가는 오히려 해를 입을 수 있다는 것과 가장 어울리는 속담은 '믿는 도끼에 발등 찍힌다'예요. 이는 '잘되리라고 믿고 있던 일이 어긋나거나 믿고 있던 사람이 배반하여 오히려 해를 입음을 비유적으로 이르는 말.' 이에요.

**오답풀이** '다 된 밥에 재 뿌리기' 는 '거의 다 된 일을 끝판에 망치게 되었다는 말.' 이에요.
'입에 쓴 약이 병에는 좋다' 는 '자기에 대한 충고나 비판이 당장은 듣기에 좋지 아니하지만 그것을 달게 받아들이면 자기 수양에 이로움을 이르는 말.' 이에요.

---

▶ 실생활 문해력 - 은행나무 열매 처리 작전 ◀

• **글의 종류** 인터넷 게시 글
• **글의 주제** 은행나무 열매의 처리 방법

---

1 ⑤ 이 글의 글쓴이는 길거리에 떨어진 은행나무를 처리하기 위해 의견을 제안하고 있어요. 이는 생활에서 발생하는 불편 사항을 해결하기 위함이에요.

2 ④ 은행나무 열매를 미리 수거하는 작업을 진행하는 것은 전문 업체예요. 글쓴이는 수거 작업을 진행하지 않았어요.

3 ① 은행나무 열매의 맛은 이 글에 나타나 있지 않아요.

4 ④ '수거'란 '거두어 감.' 을 뜻해요. '청소' 는 이와 바꾸어 쓸 수 없어요.

---

**쉬어가기**

역할(○), 역활(×)

　'역할' 이란 '자기가 마땅히 하여야 할 맡은 바 직책이나 임무.' 를 뜻해요. '역활' 과 헷갈리는 경우가 많지만 '역할' 이 올바른 표기라는 것을 기억하세요.

정답과 해설　**15**

정답과 해설

## 5일
98~103쪽

### 오늘의 퀴즈

1 작물　　　　　2 공존
3 건축　　　　　4 회복

### 교과서 문해력

1 ③
2 (1) 감소한다 (2) 해충 (3) 올라가면서
3 ②
4 ②

### 실생활 문해력

1 (1) 일 (2) 일 (3) 음 (4) 일
2 ③
3 ④
4 껍질

---

▶ 교과서 문해력 - 작은 실천이 생태계를 바꾼다 ◀

• 글의 종류 설명하는 글
• 글의 주제 생태계 보호 방안

1 ③ 이 글은 생태계 파괴가 점점 더 심각해지고 있으며 이에 따른 악영향과 생태계를 보호하기 위한 노력 등을 설명하고 있어요. 이 글은 각각의 내용에 대한 구체적인 예를 들어 이해를 돕고 있어요.

2 (1) 생태계 파괴로 꿀벌의 수가 감소하고 있어요.

(2) 생태계 파괴로 해충이 늘어나며 인간에게 피해를 줘요.

(3) 바닷물의 온도가 올라가면서 해양 생물들이 멸종하고 있어요.

3 ② 이 글에서는 개발 제한 구역을 지정해 무분별한 도시 개발을 막는 방법을 제안하고 있어요. 토지의 경제적 가치를 극대화하는 것은 개발 제한 구역을 지정하는 까닭이 아니에요.

4 ② 종이컵 사용을 줄이기 위해 다회용 컵을 사용하는 것은 좋지만, 여러 개 구매하는 것은 '제로 웨이스트'의 목적과는 맞지 않아요.

---

▶ 실생활 문해력 - 제대로 버려요 ◀

• 글의 종류 인터넷 게시 글
• 글의 주제 음식물 쓰레기와 일반 쓰레기의 구분 방법

1 (1), (2), (4) 모두 일반 쓰레기에 해당해요.

(3) 음식물 쓰레기에 해당해요.

2 ③ 딱딱한 복숭아 씨앗은 동물이 먹을 수 없으므로 일반 쓰레기예요.

오답풀이 ① 남은 치킨의 음식물 부분은 최대한 분리하여 음식물 쓰레기로 버리고, 치킨 뼈는 일반 쓰레기로 버려야 해요.

② 마늘 껍질은 일반 쓰레기로 버려야 해요.

④ 딱딱한 게 껍데기는 일반 쓰레기로 버려야 해요.

⑤ 새우젓은 헹군 후 음식물 쓰레기 혹은 김장 쓰레기 전용 봉투에 담아 버려야 해요.

3 ④ '과유불급'이란 '정도를 지나침은 미치지 못함과 같다는 뜻.'이에요. 즉 지나치거나 모자라지 않고 한쪽으로 치우치지 않는 상태가 중요하다는 것을 강조하는 말이에요. 이보다는 '돌 한 개를 던져 새 두 마리를 잡는다는 뜻으로, 동시에 두 가지 이득을 봄을 이르는 말.'인 '일석이조'를 사용하는 것이 적절해요.

4 '껍질'은 '물체의 겉을 싸고 있는 단단하지 않은 물질.'을 말해요. 나머지 '씨앗', '뼈다귀', '껍데기'는 모두 단단한 물질을 가리키는 말이에요.

---

### 쉬어가기

철석같이(○), 철썩같이(✕)

　'마음이나 의지, 약속 따위가 매우 굳고 단단하게.'를 뜻하는 '철석같이'를 '철썩같이'라고 쓰는 사람들이 있어요. 하지만, '쇠 철', '돌 석'을 사용해 '철석같이'라는 낱말이 만들어졌다는 것을 기억하세요.

# 4주

## 1일

106~111쪽

### 오늘의 퀴즈

**1** 만족  **2** 효용
**3** 수준  **4** 한계

### 교과서 문해력

**1** 한계 효용

**2** ⑤

**3** ①

**4** ④

### 실생활 문해력

**1** ⓒ, ⓓ, ⓔ

**2** ③

**3** ②

**4** ③

---

▶ 교과서 문해력 - 뷔페에서 생긴 일 ◀

• **글의 종류** 설명하는 글

• **글의 주제** 한계 효용 체감의 법칙

---

**1** 재화 혹은 서비스를 다시 이용할 때마다 만족감이 줄어드는 것을 '한계 효용 체감의 법칙'이라고 불러요.

**2** ⑤ 한계 효용 체감의 법칙은 재화 혹은 서비스를 다시 이용할 때마다 만족감이 줄어드는 것을 말해요. 하지만 내가 끓여 먹는 라면보다 동생에게 뺏어 먹은 라면 한 젓가락이 더 맛있게 느껴지는 것은 이와 큰 관련이 없어요.

**3** ① 뷔페에 갔을 때 느끼게 되는 한계 효용 체감의 법칙을 그래프로 표현하면, 여러 접시를 먹을수록 만족감이 점점 떨어지는 모습이 알맞아요.

**4** ④ ⓔ의 '용이하게'란 '어렵지 아니하고 매우 쉽게.'를 뜻해요. 이와 '물건값이나 사람 또는 물건을 쓰는 데 드는 비용이 보통보다 낮게.'를 뜻하는 '싸게'는 바꾸어 쓸 수 없어요.

▶ 실생활 문해력 - 뷔페, 이것만은 지켜요 ◀

• **글의 종류** 보도 자료

• **글의 주제** 음식물 재사용 가이드라인

---

**1** ⓒ, ⓓ, ⓔ 모두 음식물 재사용 가이드라인을 충분히 알고 있어야 해요.

**2** ③ 손님이 먹을 만큼 덜어먹을 수 있도록 진열된 초콜릿은 재사용할 수 있어요.

**오답 풀이** ①, ② 조리 및 양념 등의 과정을 거친 음식은 재사용할 수 없어요.

④ 껍질 채로 보존되어 있는 것이 아닌, 자른 과일은 재사용할 수 없어요.

⑤ 생크림 케이크처럼 크림이 발린 빵류는 재사용할 수 없어요.

**3** ② 양념 과정을 거치면 세척하더라도 재사용할 수 없어요. 조리 및 양념 등의 과정을 거치지 않아야 세척하여 재사용할 수 있어요.

**4** ③ '가공식품'이란 '농산물, 축산물, 수산물 등을 인공적으로 처리하여 만든 식품.'을 말해요. 사과는 가공식품이 아니에요.

### 쉬어가기

송골송골(○), 송글송글(×)

더운 여름날에는 이마에 땀방울이 '송골송골' 맺히곤 해요. '송골송골'이란 '땀이나 소름, 물방울 등이 살갗이나 표면에 잘게 많이 돋아나 있는 모양.'을 뜻해요. '송글송글'이 아니랍니다.

## 정답과 해설

**2일**           112~117쪽

### 오늘의 퀴즈

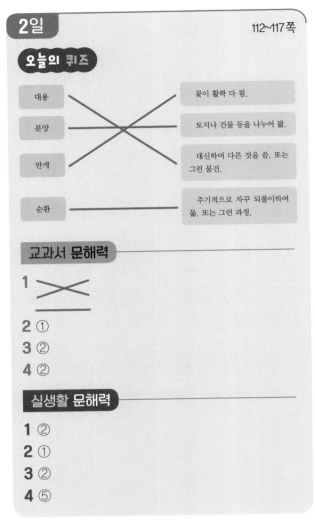

### 교과서 문해력

1 ✕

2 ①

3 ②

4 ②

### 실생활 문해력

1 ②

2 ①

3 ②

4 ⑤

---

▶ **교과서 문해력 - 버릴 것이 하나도 없는 채소** ◀

• **글의 종류** 생활에서 쓰는 글

• **글의 주제** 호박의 효능

---

**1** '호박꽃'은 만두처럼 쪄 먹는다고 나타나 있어요. '호박잎'은 쌈을 싸 먹는다고 나타나 있어요. '호박 열매'는 죽을 만들어 먹는다고 나타나 있어요.

**2** ① 호박씨는 피를 맑게 해 주는 것이 아니라 머리를 맑게 해 준다고 나타나 있어요.

**3** ② '놀란 토끼 눈을 하다'라는 관용구는 '뜻밖이거 나 놀라 눈을 크게 뜨다.'를 이르는 말이에요. 이 글에서 자신도 모르게 호박씨를 먹었다는 것을 알고 크게 놀람을 표현할 때 쓸 수 있어요.

**오답풀이** ① '닭 잡아 먹고 오리 발 내놓기'라는 속담이 있어요. 이는 '옳지 못한 일을 저질러 놓고 엉뚱한 수작으로 속여 넘기려 하는 일을 비유적으로 이르는 말.'이에요.

③ '가는 말에도 채찍을 치랜다'라는 속담이 있어요. 이는 '형편이나 힘이 한창 좋을 때라도 더욱 마음을 써서 힘써야 함을 비유적으로 이르는 말.'이에요.

④ '돼지 멱따는 소리'라는 관용구가 있어요. 이는 '아주 듣기 싫도록 꽥꽥 지르는 소리.'를 뜻해요.

⑤ '닭 쫓던 개 지붕 쳐다보듯'이라는 속담이 있어요. 이는 '애써 하던 일이 실패로 돌아가거나 남보다 뒤떨어져 어찌할 도리가 없이 됨을 비유적으로 이르는 말.'이에요.

**4** ② '호박이 넝쿨째로 굴러떨어졌다'는 속담에서 호 박을 행운에 비유할 정도로 귀중하게 여겼으리라 추측할 수 있어요.

**오답풀이** ⑤ 이 글에서 호박은 아주 오래 전부터 식사 대용으로 즐겨 먹었다고 했어요. 호박이 특별히 재배하기 어려웠다는 내용은 나타나 있지 않아요.

---

▶ **실생활 문해력 - 주말에는 농사를 지어요** ◀

• **글의 종류** 광고

• **글의 주제** 주말농장 참여자 모집

---

**1** ② 주말농장 신청 절차는 이미 광고 내 '신청 방법' 에 자세히 안내되어 있어요.

**2** ① 65세 이상으로 인터넷 신청이 어려운 사람은 인 주시청에 방문해 주말농장을 신청할 수 있다고 안내되어 있어요.

**3** ② 주말농장 참가비는 무료지만, 개인 농기구 및 씨 앗, 모종, 퇴비 등은 각자 구매하여 준비하라고 안내되어 있어요. 씨앗과 퇴비까지 무료로 제공해 주어 경제적으로 부담이 없었다는 후기는 알맞지 않아요.

**4** ⑤ '무작위 추첨'이란 아무런 조작 없이 제비를 뽑 는 것을 말해요. 이러한 방법이 적용된 상황은 기 숙사를 신청한 사람들 중에서 제비를 뽑아 입주 자를 결정하는 방법 등이 있어요.

---

### 쉬어가기

**어물쩍(○), 어물쩡(✕)**

'어물쩍'이란 '말이나 행동을 일부러 분명하게 하지 아니하고 적 당히 살짝 넘기는 모양.'을 뜻해요. '어물쩡'이라고 쓰는 경우가 많 지만 '어물쩍'이 맞아요.

---

### 오늘의 퀴즈

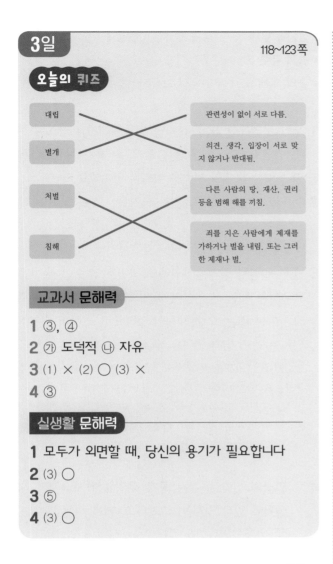

| | |
|---|---|
| 대립 | 관련성이 없이 서로 다름. |
| 별개 | 의견, 생각, 입장이 서로 맞지 않거나 반대됨. |
| 처벌 | 다른 사람의 땅, 재산, 권리 등을 범해 해를 끼침. |
| 침해 | 죄를 지은 사람에게 제재를 가하거나 벌을 내림. 또는 그러한 제재나 벌. |

### 교과서 문해력

1 ③, ④

2 ㉮ 도덕적 ㉯ 자유

3 (1) × (2) ○ (3) ×

4 ③

### 실생활 문해력

1 모두가 외면할 때, 당신의 용기가 필요합니다

2 (3) ○

3 ⑤

4 (3) ○

---

▶ **교과서 문해력 – 구하지 않으면 벌을 받는다고요?** ◀

• **글의 종류** 설명하는 글

• **글의 주제** 사마리아인의 법

---

1 ③, ④ 이 글은 죽어 가는 유대인을 구한 사마리아인의 이야기에서 유래한 사마리아인의 법에 대한 설명과, 사마리아인의 법을 둘러싼 찬성과 반대의 의견을 각각 소개하고 있어요.

2 사마리아인의 법을 찬성하는 사람은 위험에 처한 사람을 외면하는 것은 도덕적으로 옳지 못한 일이라고 주장해요. 사마리아인의 법을 반대하는 사람은 구조 행위를 법으로 강제하면 개인의 자유를 침해할 수 있다고 주장해요.

3 (1) × 우리나라가 사마리아인의 법을 도입할 예정이라는 내용은 나타나 있지 않아요.

　(2) ○ 프랑스는 자기가 위험에 빠지지 않음에도 위

---

험에 처해 있는 사람을 구조하지 않은 사람은 징역 또는 벌금에 처한다는 처벌 규정을 명확하게 제시하고 있어요.

　(3) × 사마리아인의 법은 자신이 위험을 감수하더라도 어려움에 처한 사람을 구조해야 한다는 것은 아니에요.

4 ③ 사마리아인의 법을 지지하는 측은 생명이 위태로운 상황에 처한 사람을 외면하지 않고 구조해야 한다고 주장해요. 이에 따라 119에 신고한 후 주변에 도움을 요청하는 행동이 알맞아요.

---

▶ **실생활 문해력 – 누군가 하겠지?** ◀

• **글의 종류** 동영상

• **글의 주제** 책임감 분산

---

1 '키티 제노비스'의 사건과 뺑소니 사고를 당한 10대 학생의 사건을 소개하며 이러한 비극이 반복되지 않도록 당신의 용감한 행동에 달렸다고 하는 내용을 통해, ㉠에 들어갈 내용은 '모두가 외면할 때, 당신의 용기가 필요합니다'임을 알 수 있어요.

2 (3) ○ '키티 제노비스'의 사건을 인용한 까닭은 뺑소니 사고를 당한 10대 학생의 사건과 같이 책임감 분산에 따른 현상이 반복됨을 알리고 행동을 촉구하기 위해서예요.

3 ⑤ 이 글과 〈보기〉에서는 여러 사람과 함께 있을 때 자신이 아니더라도 누군가 도움을 줄 것이라 생각하는 책임감 분산에 대해 이야기하고 있어요. 이에 따르면 사람들은 여러 사람과 함께 있을 때 자신이 나설 필요가 없다고 느낀다고 추측할 수 있어요.

4 (3) ○ 책임감 분산이란 책임이 분산되어 도움이 필요한 사람을 도와주지 않고 방관하는 것을 말해요. 이와 어울리는 사자성어는 '수수방관'이에요.

---

### 쉬어가기

넝쿨(○), 덩굴(×)

'길게 뻗어 나가면서 다른 물건을 감기도 하고 땅바닥에 퍼지기도 하는 식물의 줄기.'는 '넝쿨'이에요. '덩굴'이라고도 하지요. 하지만 '덩쿨'은 표준어가 아니랍니다.

## 4일

### 오늘의 퀴즈

**1** 우아　　　　　**2** 추구
**3** 후원　　　　　**4** 명창

### 교과서 문해력

**1** 판소리
**2** ④
**3** ③
**4** (2) ○

### 실생활 문해력

**1** 국가 무형유산 보유자
**2** ③
**3** (나)
**4** ②

---

▶ 교과서 문해력 - 우아한 예술, 판소리 ◀

‹ **글의 종류** 설명하는 글
‹ **글의 주제** 신재효의 업적

·······································

**1** 이 글은 판소리를 하나의 예술로 만든 신재효에 대한 글이에요. 신재효의 업적에 대해 설명하고 있어요.

**2** ④ 신재효는 판소리의 가사를 우아한 표현으로 다듬고, 현실적이지 않거나 말이 되지 않는 부분을 과감히 수정했어요. 또한 그는 직접 지은 노래에 사회적인 내용이나 재산을 모으는 방법 등을 가사로 담았어요. 하지만 현실을 비판하는 가사를 통해 사회 개혁을 이끌었다는 내용은 나타나 있지 않아요.

**3** ③ 신재효가 정리한 판소리 여섯 마당은 춘향가, 심청가, 수궁가, 흥부가, 적벽가, 변강쇠 타령이에요. 배비장 타령은 해당하지 않아요.

　**지도Tip** | 참고로, 오늘날 변강쇠 타령은 더 이상 전해지지 않고 나머지 다섯 마당의 판소리만 전해지고 있어요.

**4** (2) ○ ‘심금을 울리다’는 ‘무엇이 사람의 마음에 감동을 일으킴.’이라는 뜻이에요. 이와 가장 어울리는 사자성어는 ‘감개무량’이에요.

---

▶ 실생활 문해력 - 전통을 지키는 사람들 ◀

‹ **글의 종류** SNS
‹ **글의 주제** 국가 무형유산 보유자

·······································

**1** 국가 무형유산 보유자는 한 공동체에서 재창조된 전통 공연과 기술, 생활 관습과 같은 국가유산을 재현할 능력을 보유한 사람을 이르는 말이에요.

**2** ③ 남한산성은 형태가 있는 국가유산으로, 국보에 해당해요.

　**오답 풀이** ①, ②, ④, ⑤ 모두 국가무형유산에 해당해요.

**3** ㉠과 관련된 명언은 (나)예요. (나)는 소중한 유산을 파괴하는 데는 한순간이지만, 그러한 유산을 가꾸고 보존하는 데는 오랜 세월이 걸리므로 소중히 여겨야 한다는 뜻이 담겨 있어요.

　**지도Tip** | (나)의 명언은 차일혁 경무관이 한 말이에요. 차일혁 경무관은 6.25 전쟁 직후 빨치산을 소탕하기 위해 화엄사를 불태우라는 상부의 지시에 대해 (나)와 같은 말을 남겼어요. 그리하여 화엄사는 문짝만 떼어내어 불태우고 건물은 보존할 수 있었어요. 이러한 이야기를 들려 주고 국가유산을 보존해야 하는 까닭을 이야기해 보세요.

**4** ② 한국의 김장 문화는 국가 무형유산 보유자가 지정되어 있지 않지만, 그렇다고 해서 다른 유네스코 인류무형유산도 전승하는 사람이 없으리라고 추측할 수는 없어요. 참고로, 유네스코 인류무형유산에는 판소리, 줄타기, 아리랑 등이 있는데 이는 모두 국가 무형유산 보유자가 지정되어 있어요.

---

### 쉬어가기

어쭙잖다(○), 어줍잖다(✕)

　‘비웃음을 살 만큼 언행이 분수에 넘치는 데가 있음.’ 등을 뜻하는 ‘어쭙잖다’를 ‘어줍잖다’라고 쓰는 경우가 있어요. 하지만 ‘어쭙잖다’라고 사용해야 한답니다.

### 오늘의 퀴즈

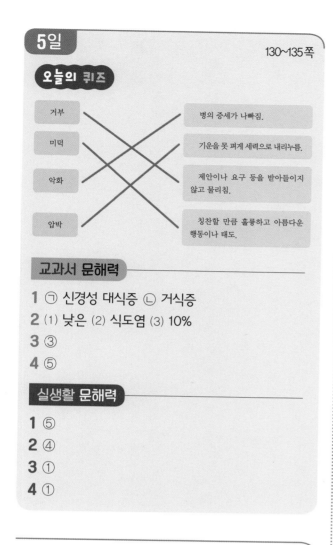

거부 ——————— 제안이나 요구 등을 받아들이지 않고 물리침.

미덕 ——————— 칭찬할 만큼 훌륭하고 아름다운 행동이나 태도.

악화 ——————— 병의 증세가 나빠짐.

압박 ——————— 기운을 못 펴게 세력으로 내리누름.

### 교과서 문해력

1 ㉠ 신경성 대식증 ㉡ 거식증

2 (1) 낮은 (2) 식도염 (3) 10%

3 ③

4 ⑤

### 실생활 문해력

1 ⑤

2 ④

3 ①

4 ①

▶ **교과서 문해력 – 안 먹어도 문제, 많이 먹어도 문제** ◀

◖ **글의 종류** 설명하는 글

◖ **글의 주제** 섭식 장애

1 이 글에 소개된 섭식 장애는 신경성 식욕 부진증과 신경성 대식증이에요. 신경성 식욕 부진증은 거식증이라고도 해요.

2 (1) 섭식 장애는 낮은 자존감이 원인 중 하나예요.

(2) 거식증이 심해지면 역류성 식도염을 동반할 수 있어요.

(3) 우리나라 청소년의 약 10%가 섭식 장애를 앓고 있다고 해요.

3 ③ 섭식 장애를 해결하기 위해서는 건강한 다이어트 방식을 따라 체중을 감량해야 해요.

**오답 풀이** ④ 섭식 장애를 해결하기 위해 날씬한 몸이 예쁜 것이라는 사회적 인식을 개선하기 위한 캠페인을 실시할 수 있어요.

4 ⑤ 〈보기〉는 한 모델이 거식증으로 숨진 뒤 모델의 건강권을 지키기 위해 다양한 법안과 규제를 도입한 사례를 소개하고 있어요. 그러나 이 사건 이후로 마른 체형의 모델이 더 이상 패션계에서 활동할 수 없게 된 것은 아니에요.

▶ **실생활 문해력 – 학교에서 알립니다** ◀

◖ **글의 종류** 가정 통신문

◖ **글의 주제** 급식 관련 알림 사항 안내

1 ⑤ 이 가정 통신문의 목적은 급식 관련 알림 사항을 안내하기 위함이에요. 급식비 및 급식 운영 안내, 알레르기 유발 식품 관련 사항을 안내하고 문의처를 알려 주고 있어요.

2 ④ 기호가 낮은 녹황색 채소도 반드시 포함시켜 부족한 영양소가 없도록 운영한다고 했어요. 즉, 학생들이 좋아하지 않는 식재료도 메뉴에 포함돼요.

3 ① '유발'은 '어떤 것이 다른 일을 일어나게 함.'을 뜻해요. 이는 '일이나 사건 등을 끌어 일으킴.'을 뜻하는 '야기'와 바꾸어 쓸 수 있어요.

4 ① 매주 월요일은 고기, 생선 없는 채식의 날을 시행한다고 했어요. 즉, 월요일에는 고등어가 급식으로 나오지 않아요.

### 쉬어가기

**머리끄덩이(○), 머리끄뎅이(×)**

'머리끄덩이'를 잡고 싸웠다는 말, 들어 봤나요? 하지만 이는 틀린 표현이에요. '머리카락을 한데 뭉친 끝.'을 뜻하는 말은 '머리끄덩이'랍니다.

교과서부터 실생활까지
한번에!

결국,
습관이
이긴다

i-Scream
HomeLearn

# 초등 6년 연산,
# 『아이스크림 더 연산』 8권이면 끝!

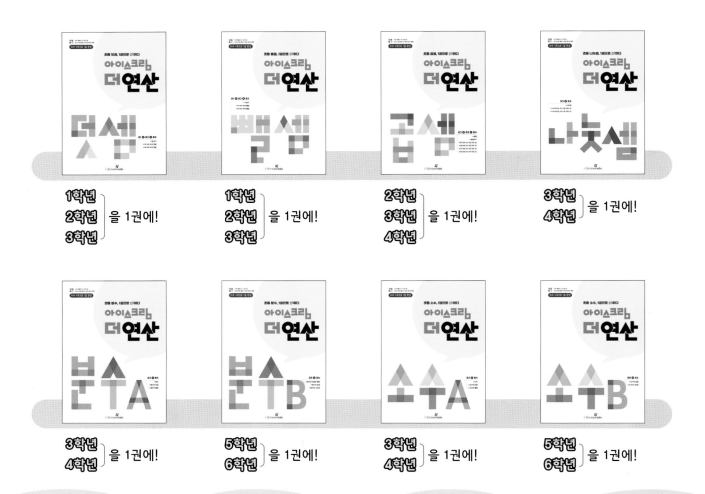

1학년
2학년 을 1권에!
3학년

1학년
2학년 을 1권에!
3학년

2학년
3학년 을 1권에!
4학년

3학년
4학년 을 1권에!

3학년
4학년 을 1권에!

5학년
6학년 을 1권에!

3학년
4학년 을 1권에!

5학년
6학년 을 1권에!

\# 이전 학습, 현재 학습, 이후 학습을 1권으로 더한 책!

\# 개념(한눈에 쏙 들어오는 개념 정리)
　연습(1일 4쪽, 1달 완성)
　평가(주제별 문제를 다시 확인)

"
## 연산력 강화에
## 최적화된 구성
"